Coleção Vértice
96

111 PERGUNTAS SOBRE O ISLÁ

Entrevista a Giorgio Paolucci e Camille Eid

SAMIR KHALIL SAMIR

111 PERGUNTAS SOBRE O ISLÃ

Entrevista a Giorgio Paolucci e Camille Eid

Tradução
Sílvia Massimini Felix

São Paulo
2017

Copyright © 2002 by Casa Editrice Marietti S.p.A., Genova, Italy

Título original
Cento domande sull'islam: intervista a Samir Khalil Samir

Ilustração da capa
Cúpula da Basílica de Santa Sofia, Istambul (Turquia; detalhe)

Dados Internacionais de Catalogação na Publicação (CIP)

Samir, Samir Khalil
   111 perguntas sobre o Islã: entrevista a Giorgio Paolucci e Camille Eid / Samir Khalil Samir – São Paulo : Quadrante, 2017.

   ISBN: 978-85-7465-070-8 - coleção
   ISBN: 978-85-7465-288-7
   1. Testemunhos 2. Cristianismo I. Título II. Série

CDD 248.5

Índice para catálogo sistemático:
Testemunhos : Cristianismo

Todos os direitos reservados a
QUADRANTE, Sociedade de Publicações Culturais
Rua Bernardo da Veiga, 47 - Tel.: 3873-2270
CEP 01252-020 - São Paulo - SP
www.quadrante.com.br / info@quadrante.com.br

Sumário

Introdução 9
I. Os fundamentos 15
   Maomé e o nascimento do Islã 15
   O Alcorão, a palavra «incriada» de Deus 25
   Cinco pilares para uma crença 34
II. O Islã pode mudar? 41
   Unidade e pluralidade 41
   A autoridade religiosa e o núcleo
   de representação 44
   Jihad: guerra santa ou luta espiritual? 49
   Tradição e modernidade 69
III. O desafio dos direitos 79
   Charia e direitos humanos 79
   A condição feminina 96

A liberdade religiosa e o caso da apostasia............ 111
Uma provocação: a reciprocidade...................... 122
IV. O Islá entre nós 129
Islá europeu ou Europa islamizada?................ 129
O papel dos conversos................................ 144
Minaretes da Itália: as solicitações ao Estado....... 152
A mesquita, uma igreja muçulmana?................ 163
Quatro modelos para a integração 169
V. O Islá e o cristianismo: o encontro inevitável,
o diálogo possível..................................... 175
O Islá e as outras religiões.......................... 175
Jesus e Maomé: dois profetas?...................... 185
Negando o fingimento, reafirmando o amor
pela verdade.. 197
Cronologia do Islá 219
As comunidades muçulmanas nos diversos países 225
Glossário 227

Aos meus amigos muçulmanos, à doce terra do Egito e à minha Mãe, a Companhia de Jesus, por ter me ensinado o amor à Verdade, ao homem e a Deus.
Samir

A Cinzia, pela amorosa paciência com que me acompanhou.
Giorgio

À minha terra libanesa, que há séculos é palco de convivência entre cristãos e muçulmanos.
Camille

Introdução

Este livro é fruto de uma série de longos colóquios entre um islamólogo de prestígio internacional e dois jornalistas que há muito tempo se dedicam aos temas do Islã e da convivência entre homens de crenças e culturas diversas. Não pretende apresentar de maneira exaustiva uma realidade multifacetada e complexa como é a do mundo muçulmano, mas busca responder de maneira original a uma série de questões que há muito tempo são de interesse da opinião pública e que assumiram um peso ainda maior depois do atentado às Torres Gêmeas de Nova York em 11 de setembro de 2001 e do posterior conflito no Afeganistão.

Há um grande desejo de conhecer um mundo que, embora ao longo dos séculos já tenha se cruzado com o Ocidente, dentro e fora de seus limites, ainda é visto com a suspeita e a desconfiança que derivam ao mesmo tempo de um conhecimento superficial da história e de uma reação emotiva aos acontecimentos atuais.

Para quem, como a maioria dos ocidentais e muitos italianos, vê a religião como algo que pertence às dimensões espirituais da existência, o Islã parece um fenômeno novo e em alguns aspectos incompreensível, pois se propõe como *din wa dunya wa dawla*[1] – «religião, sociedade e Estado» –, incorpora o âmbito privado e público em uma só grande realidade, e em torno dela reúne todos os fiéis da *umma*, a comunidade à qual pertencem 1,2 bilhão de pessoas. Uma realidade certamente heterogênea e variada, mas que também apresenta muitos traços comuns do ponto de vista ritual, bem como na sua visão de mundo e nos modelos de comportamento que propõe.

O itinerário seguido pelo livro parte do contexto histórico e cultural em que o Islã surgiu e a partir do qual iniciou sua expansão, pois um conhecimento elementar desses aspectos é, nos dias de hoje, fundamental para entendê-lo em sua complexidade. As seções seguintes abordam algumas questões cruciais com que os muçulmanos depararam ao longo dos séculos e com as quais continuam a se confrontar ainda hoje: a interpretação dos textos sagrados, os direitos humanos, a questão feminina, a liberdade religiosa, a violência, a relação com a modernidade e com o Ocidente. As duas últimas seções examinam os problemas ligados à presença da comunidade muçulmana na Europa e na Itália e as perspectivas de uma convivência entre cristãos e muçulmanos: uma convivência que se constrói deixando de lado tanto os preconceitos quanto a ingenuidade que nos últimos anos marcaram o debate sobre a integração social e o diálogo inter-religioso.

---

(1) Optou-se nesta edição por uma transliteração simplificada dos vocábulos árabes, sem sinais diacríticos ou outras indicações que não pertencem ao português. (N. do E.)

INTRODUÇÃO 11

A convivência é um edifício difícil de ser construído, seja por aqueles que falam a mesma língua e compartilham os mesmos valores, seja (com mais razão) entre os que pertencem a mundos diversos, embora limítrofes. Uma condição necessária (ainda que insuficiente) para aprender a conviver é se dispor a conhecer o outro, uma aventura que muitas vezes nos obriga a olhar no espelho e redescobrir a consistência da própria identidade. E é justamente entre essas duas margens – o conhecimento do outro e a redescoberta da própria identidade – que se situa idealmente o trabalho do Centro de Estudos para o Ecumenismo, por meio do qual este livro nasce e se reconhece.

Quem atua como guia nessa «exploração» do universo islâmico é Samir Khalil Samir, jesuíta, egípcio com cidadania italiana, cuja bibliografia acadêmica e científica nos dá uma ideia de sua grandeza intelectual. Samir nasceu no Cairo em 1938 e estudou na França e na Holanda; atualmente vive em Beirute, onde dá aulas em diversas faculdades da Universidade Saint-Joseph e onde fundou o Cedrac (*Centre de Documentation et de Recherches Arabes Chrétiennes*). Foi *visiting professor* na Universidade do Cairo, na Sophia University de Tóquio, na Universidade de Graz na Áustria, na Universidade de Belém na Palestina e na Universidade de Turim. Organizou e dirige a coleção «Patrimoine Arabe Chrétien», editada primeiro no Cairo, depois em Beirute e da qual, desde 1978, foram publicados treze volumes. É codiretor da revista de orientalismo *Parole de l'Orient*, publicada no Líbano e na Itália, e idealizador e diretor (desde 1994) da coleção «Patrimonio Culturale Arabo Cristiano». É presidente da International Association for Christian Arabic Studies e autor de cerca de vinte livros e quinhentos artigos científicos sobre o Islã e o Oriente cristão.

Essa é apenas uma parte do longo e variado currículo de Samir Khalil Samir, mas se enganaria quem pensasse estar diante de um estudioso que olha o objeto de suas pesquisas com o desinteresse típico do intelectual refinado. Observando sua personalidade, vemos que o conhecimento do assunto está sempre acompanhado da paixão pelo homem, do desejo de conhecer a verdade que reside em cada pessoa e que o estudioso é capaz de descobrir e valorizar. E isso ocorre em razão de seu vínculo com um povo que faz parte da história e que continua a ser, ainda hoje, cruzamento de culturas e de crenças: o mundo árabe cristão, um mundo que guarda a memória de uma convivência secular com o Islã, cheia de contrastes e adversidades, mas não desprovida de aspectos positivos. E justamente essa memória pode representar um precioso recurso para muitos daqueles que hoje, no Ocidente, se perguntam de que forma é possível construir uma convivência com os muçulmanos que deixaram seus países de origem.

A essas perguntas, Samir Khalil Samir fornece respostas que às vezes podem soar «impopulares» ou então distantes da versão popular que veio se afirmando ao longo dos anos, mas que nascem tanto do profundo conhecimento da tradição e da mentalidade islâmica quanto da familiaridade com o contexto italiano, adquirida durante suas inúmeras estadias nesse país.

O modelo adotado, em forma de entrevista, possibilita agilizar a exposição dos argumentos, preservar o tom coloquial e enriquecer as respostas com algumas histórias que pertencem à «movimentada» biografia do autor, do qual se procurou manter também o tom e a expressividade típicos de sua terra e sua gente. Mesmo sabendo que os argumentos expostos mexem com os ânimos e dividem a opinião pública, não quisemos mascarar ou enfraquecer as provocações adotando um certo modo «politicamente correto» de entender as relações entre culturas e crenças diversas: este livro foi feito com a intenção de dar condições para que nossa relação cresça, não para preservá-la em moldes fossilizados. Conscientes dos limites de nosso trabalho, esperamos ter colocado à disposição de um público abrangente – e não apenas de um grupo de especialistas – um instrumento útil para conhecer e ir ao encontro de uma realidade à qual pertencem aqueles que nos últimos anos se tornaram nossos novos «vizinhos».

Giorgio Paolucci e Camille Eid

I. Os fundamentos

Maomé e o nascimento do Islã

1. Para entender o Islã, é necessário olhar para suas origens. O senhor pode falar do contexto social e religioso em que se iniciou a pregação de Maomé?

O Islã nasce e se desenvolve na Península Arábica, mais precisamente em suas duas principais cidades, Meca e Medina, entre os anos 610 e 632. Esses vinte e dois anos marcarão de modo decisivo inicialmente a história da Arábia e depois a do Oriente Médio e do mundo inteiro, graças à extraordinária personalidade de Maomé.

Nascido em Meca por volta do ano 570, Maomé, cujo pai morreu um pouco antes de seu nascimento, perde a mãe em tenra idade e por isso é adotado primeiro pelo avô e depois pelo tio, membros da importante tribo de Quraysh. Mais tarde, torna-se empregado de Khadija, uma rica viúva que se dedica à atividade comercial, com a qual se casa depois de algum tempo¹. Com quarenta anos, no ano 610, depois de um período de retiro solitário nas montanhas, Maomé vive uma experiência mística e decide dedicar sua existência a fazer com que todos conheçam o Deus único. De acordo com a tradição muçulmana, são muitos aqueles que procuram, nos tempos de Maomé, uma religião monoteísta e uma crença caracterizada por uma forte espiritualidade, como por exemplo o primo de Khadija, um certo Waraqa ibn Nawfal, que teve um papel fundamental no nascimento do Islã, ao lado dos chamados *hanif*².

Essas ideias monoteístas exercem forte influência sobre Maomé e transformam a tal ponto sua existência que o levam a transmitir tudo aquilo que sucessivamente lhe é revelado de maneira misteriosa. Não nos esqueçamos de que, na Arábia, residiam inúmeras tribos hebraicas e cristãs. Por outro lado, os únicos três reinos árabes conhecidos antes ou durante o advento do Islã eram na verdade cristãos³. Portanto, o ambiente pagão na Arábia estava de certo modo predisposto a acolher uma pregação monoteísta.

O que Maomé prega? Para Meca a mensagem é clara, simples e enfaticamente religiosa: crer em um único Deus, Allah, e no Dia do Juízo (em que cada um será avaliado de acordo com suas ações e então destinado ao inferno ou ao

---

(1) Maomé tem 25 anos quando se casa com Khadija, de quarenta.
(2) A palavra vem do sírio *hanpe* e significava, para os árabes cristãos, «pagão». Por sua vez, na tradição muçulmana, o termo adquire o significado de «monoteísta» ou «crente puro», que não pertence nem ao judaísmo nem ao cristianismo, e por isso é aplicado a Abraão (Alcorão III, 67).
(3) O reino himiarita, no Iêmen do século VI, e os dois reinos dos lacmidas e dos gassânidas, no Norte.

I. OS FUNDAMENTOS

paraíso), implorar a Deus pelo perdão dos pecados, fazer as duas orações prescritas (a da manhã e a da tarde)[4], não cometer adultério e rejeitar o costume árabe de enterrar vivos os recém-nascidos. Além disso, Maomé prega a justiça social em relação à viúva, ao órfão e ao pobre, através de uma repartição das riquezas, recordando nesse sentido o profeta Amós do Antigo Testamento. Acima de tudo, porém, Maomé afirma ser o profeta escolhido por Deus para comunicar à humanidade a última revelação, que lhe foi transmitida pelo arcanjo Gabriel.

Nos momentos de maior isolamento, ele procura o apoio dos fiéis das religiões monoteístas, aqueles que chama de a «gente do Livro», ou seja, judeus e cristãos, os únicos que tinham, na época, um livro revelado[5]. Estes concordam com ele em relação ao monoteísmo, à doutrina do Último Dia e à ressurreição dos mortos, mas não aceitam de modo algum sua pretensão de ser profeta de Deus.

2. O senhor disse que os cristãos e hebreus concordam com Maomé em relação à crença em um único Deus, Allah. Portanto, deve-se deduzir que Allah não é um deus específico dos muçulmanos, como muitos pensam no Ocidente?

Infelizmente, essa ideia é muito difundida na Europa, mas na verdade Allah não é uma «invenção» de Maomé ou da religião islâmica. A raiz da palavra é comum a

---

(4) Apenas mais tarde, em Medina, as preces serão três (com o acréscimo da do meio-dia), e depois as cinco atuais.

(5) É necessário esclarecer que essa expressão pode ser compreensível no contexto corânico, mas não se refere de fato ao cristianismo. O cristianismo nunca foi apresentado como uma religião do Livro, e sim como a revelação de Cristo, uma revelação entregue *também* em livros.

todas as línguas semíticas e aos povos do Mediterrâneo Meridional, e a encontramos em hebraico no Antigo Testamento na palavra *Elohim*, como também em sírio e em aramaico. A língua árabe oferece a possibilidade de distinguir entre *ilah*, deus com *d* minúsculo, e *Allah*, o Deus absoluto, em que o artigo árabe *al* se juntou ao substantivo *ilah*. Portanto, Allah era simplesmente o nome pelo qual os árabes identificavam o Deus por excelência, e o Islã não fez mais que adotar uma palavra preexistente ao seu nascimento, declamada na poesia pré-islâmica justamente por autores cristãos.

Também é significativo o fato de que os muçulmanos, quando traduzem o Alcorão nas línguas ocidentais, se neguem hoje a traduzir Allah como Deus, ou *Dieu*, ou *God*. Tornou-se quase um dogma manter a palavra Allah em árabe. Acho que isso é uma atitude fanática: pretender que aquele seja o nome do «Deus dos muçulmanos» e que nenhum outro tem o direito de utilizá-lo. Na Malásia, essa mentalidade absurda levou até à promulgação de uma lei que proíbe os cristãos de utilizar a palavra Allah, considerada monopólio dos muçulmanos, para indicar Deus. É surpreendente ver que os ocidentais, inclusive os italianos, seguem essa regra para falar mal de Allah quando criticam os muçulmanos, como se ele fosse uma divindade que «pertence» ao Islã.

Allah fazia parte do panteão árabe, e muitos árabes da época pré-islâmica – entre os quais o próprio pai de Maomé – se chamavam *Abd Allah*, servo de Allah. É provável que os árabes pagãos usassem a palavra Allah para se referir a uma divindade particularmente poderosa, talvez com o atributo *al-Rahman*, o Clemente. Judeus e cristãos árabes usavam a palavra *al-Rahman* para indicar o único Deus, como revelam algumas inscrições da época pré-islâmica conservadas na Arábia. Uma inscrição muito significativa que pertence ao século VI e contém uma afirmação trinitária apresenta *al-Rahman* como a designação de Deus Pai para os cristãos, uma vez que fala de *al-Rahman*, de seu filho *Christos* e do Espírito Santo. Portanto, *Rahman* é o qualificativo paterno na tradição cristã e o atributo essencial de Deus de acordo com os judeus, e era considerado como um dos mais poderosos pelos árabes pagãos.

3. Voltando a Maomé, como foi recebida sua pregação monoteísta pela população pagã de Meca?

Em um primeiro momento, as ideias de Maomé não encontram forte oposição entre os habitantes pagãos de sua cidade, que se limitam a ironizá-lo acusando-o de estar possuído por algum espírito maligno ou de ser um adivinho. Mesmo porque, inicialmente, Maomé não tinha intenção de fundar uma nova religião, mas queria apenas advertir os árabes sobre a iminente chegada do Dia do Juízo. Com exceção de um pequeno grupo de jovens de condições muito modestas, ele tem poucos seguidores.

Por outro lado, quando começa a atacar abertamente o politeísmo de seus concidadãos, a oposição se torna mais feroz, pois isso ameaçava os interesses dos clãs da cidade que enriqueciam graças aos peregrinos que a visitavam anualmente. Meca era, de fato, não apenas um importante centro político, social e comercial da Arábia, mas também um local religioso. Já na época pré-islâmica as diversas tribos se reuniam ali durante um mês específico, dedicado à peregrinação para adorar suas divindades dispostas em torno à Caaba, a construção cúbica que continha a pedra negra, além de se reunirem para fazer comércio ou torneios de poesia. Obrigar essas pessoas a destruírem seus ídolos seria muito prejudicial aos negócios.

A pregação de Maomé também aborrece os habitantes de Meca, pois pede que se tenha solidariedade em relação aos pobres, e por isso acaba sendo rejeitada. Mesmo com todo o repúdio, ele permanece convicto de ser um profeta, hostilizado como todos aqueles que o haviam precedido, de acordo com a expressão «ninguém é profeta na sua terra». Uma vez que até sua poderosa tribo, os Quraysh, se opõe a ele, Maomé se sente ainda mais isolado com seu pequeno séquito de gente humilde. A hostilidade da qual se torna objeto leva-o a enviar por um tempo seus seguidores para a Etiópia, sede de um reino cristão, onde recebem uma acolhida muito generosa. Conta-se que o *negus*[6] etíope, ao ouvir a tradução dos belíssimos versículos corânicos da Anunciação, se comoveu e chamou de «irmãos» seus hóspedes muçulmanos[7].

4. Essa permanência no reino da Etiópia é portanto a primeira «hégira», emigração. Haverá uma outra muito mais decisiva...

A crescente oposição dos habitantes de Meca leva Maomé a mudar de estratégia. Ele faz um acordo com a cidade rival de Yathrib, a segunda mais importante da Arábia, distante cerca de 350 quilômetros de Meca. Os habitantes de Yathrib lhe asseguram que estão dispostos a recebê-lo,

---

(6) Título do soberano da antiga Abissínia, atual Etiópia e Eritreia. (N. do T.)

(7) Ver Alcorão, sura de Maria (19). Quando não se indica o contrário, os versículos corânicos são tirados da *Tradução do sentido do nobre Alcorão para a língua portuguesa*, realizada pelo professor de Estudos Árabes e Islâmicos da USP, Dr. Helmi Nasr.

e Maomé envia seus seguidores em pequenos grupos para não atrair a atenção: trata-se, de fato, de um verdadeiro abandono da sua cidade. Ele mesmo fugirá para Yathrib na noite de 15 para 16 de julho do ano 622, a data que assinala o início do calendário muçulmano[8].

Em Yathrib, a partir de então denominada Medina[9], Maomé faz pactos com todas as tribos presentes, entre elas as poderosas tribos hebraicas, e começa a organizar a vida civil e religiosa. Nessa cidade, ele está finalmente livre para realizar seu projeto global que é ao mesmo tempo religioso, social e político. Essa evolução está na origem do moderno debate entre muçulmanos a respeito de qual deveria ser considerado o verdadeiro Islã: o da primeira fase, elaborado em Meca e caracterizado por um forte traço espiritual, ou o da segunda, de Medina, de natureza nitidamente social e política. São duas concepções muito diferentes.

5. No sentido de que o profeta se torna também legislador e líder?

Exato, mas não apenas por isso. Devemos lembrar que Maomé chega a Medina com um punhado de seguidores que abandonaram sua terra e não têm trabalho, e que todos têm necessidade de dinheiro e de assistência. Seus homens são sustentados por aqueles que os acolheram. Maomé procura, então, obter a aprovação das tribos hebraicas, as mais ricas da cidade, orientando em um primeiro momento a prece para Jerusalém e impondo o jejum no dia

---

(8) A raiz de *hégira* é a mesma de Agar, a serva de Abraão obrigada a fugir no deserto com seu filho Ismael, considerado o patriarca dos árabes.
(9) Abreviação de *Madinat al-nabi*, a cidade do profeta.

do *Kippur*, como fazem os judeus. Mas suas tentativas não têm sucesso e os judeus não o reconhecem como profeta. Então, depois de cerca de um ano e meio, decide mudar de estratégia: a prece se orienta para Meca, enquanto o jejum é estendido a um mês inteiro escolhido entre os meses sagrados do calendário árabe. O objetivo da nova orientação da prece (a nova *qibla*) é «conquistar» os árabes pagãos. O jejum não coincide mais com o costume dos judeus, que utilizam um calendário solar, mas segue o calendário lunar dos árabes, constituído de 355 dias.

6. *Depois dessa ruptura, como Maomé faz para garantir a subsistência de seu povo?*

Recorrendo às *razias*, uma palavra que deriva provavelmente do árabe *ghazwa*. De acordo com a biografia mais confiável, a *Sira* de Ibn Hisham[10], Maomé, na década passada em Medina, é protagonista de dezenove confrontos, entre guerras e ataques.

Os árabes da tradição pré-islâmica observavam quatro meses sagrados durante os quais a guerra era proibida, ao passo que podiam combater nos outros meses do ano, em duas estações diferentes. E Maomé respeitou esse costume, sem que os muçulmanos o achassem incompatível com sua nova fé. A guerra, em suma, fazia parte integrante da cultura beduína.

Esses conflitos, além de proporcionar a Maomé ricos espólios[11], permitem-lhe sobretudo fazer pactos com di-

---

(10) Ibn Hisham (m. 834) se baseou na *Sira* perdida de Ibn Ishaq, escrita por volta de 750.

(11) Inúmeras suras falam do direito de Maomé a um quinto dos espólios: «Perguntam-te, Muhammad, pelos espólios. Dize: "Os espólios são de Allah e do Mensageiro. [...] E obedecei a Allah e a Seu Mensageiro, se

I. OS FUNDAMENTOS 23

versas tribos, com o objetivo de sair de seu isolamento e de aumentar sua base de fiéis. Quando se sente mais forte, ele ataca uma nova tribo, domina-a e a obriga a pagar um tributo; quando percebe que tem a mesma força que o adversário, estabelece com ele um acordo; quando é mais fraco, simplesmente evita o confronto. Assim, graças à sua inteligente estratégia, consegue ampliar a base e a influência do Islã, seja do ponto de vista numérico, seja em nível político.

Nesse período, tenta também atacar Meca e em 624 obtém uma vitória na famosa batalha de Badr contra a caravana de Abu Sufyan[12]. Outras vezes organiza ataques contra os comboios de comerciantes de Meca, mas sua tática se revela muito arriscada: durante um desses combates, a batalha de Uhud, ele é ferido e corre risco de vida. Esse acontecimento foi interpretado pelos muçulmanos como uma vitória de Maomé, pois, dizem eles, os habitantes de Meca podiam matá-lo, mas não o fizeram – interpretação que é confirmada em um trecho corânico[13].

Maomé, a essa altura, sente-se suficientemente forte para atacar os judeus de Medina. Uma após a outra, as três tribos hebraicas são expulsas da cidade e seus bens, confiscados pelos muçulmanos. Nesse período ocorre a batalha de Khaybar, um oásis não muito distante da cidade; os judeus que haviam se refugiado ali são derrotados ao fim de um assédio de quarenta e cinco dias. A vitória de Khaybar

---

sois crentes"» (Sura dos Espólios de Guerra (8), 1); «E sabei que, de tudo que espoliardes, a quinta parte será de Allah e do Mensageiro» (Sura dos Espólios de Guerra (8), 41).

(12) Personagem importante de Meca e pai de Moawiya, fundador da dinastia omíada (661-750).

(13) Sura da Família de Imran (3), 118-129.139-160.165-180.

se tornou conhecida na mitologia muçulmana como um testemunho de superioridade sobre os judeus, tanto assim que ainda hoje é invocada nos slogans dos militantes islâmicos e dos jovens da intifada palestina.

7. E Maomé prossegue com sua estratégia até o confronto decisivo em Meca...

Depois de terem ampliado sua base e se tornado mais ricos e mais fortes que qualquer outra tribo árabe, os muçulmanos podem guerrear com Meca. Em janeiro de 630, Maomé consegue entrar em sua cidade natal sem derramamento de sangue, pois os habitantes reconhecem sua supremacia militar. Comporta-se com generosidade com seus ex-concidadãos (apenas três homens e duas mulheres são condenados à morte), mas exige a destruição de todos os ídolos em volta da Caaba.

A essa altura, quase toda a Península Arábica se converte ao Islã. «Converter-se ao Islã» poderia dar a ideia de que se tratava apenas de uma submissão militar, mas na verdade as duas coisas eram idênticas, pois quem se submetia a Maomé o reconhecia como governante e como profeta enviado por Deus. Portanto, não se pedia apenas submissão política e militar, mas também o reconhecimento do Deus único e de seu profeta. Reconhecimento que se exprime também com o pagamento de um tributo para a manutenção do exército.

Em março de 692, o décimo ano da hégira, Maomé pôde finalmente empreender sua primeira (e última) peregrinação à Meca agora muçulmana, conhecida como a Peregrinação do Adeus. No discurso pronunciado à multidão dos muçulmanos, comunica ao seu povo o último versículo corânico recebido: «Hoje eu inteirei vossa religião, para vós, e completei Minha graça para convosco e agradei-Me do Islã como religião para vós»[14]. Em maio do mesmo ano, enquanto está preparando uma expedição contra a Transjordânia, sente-se mal e abandona os projetos. Morrerá no dia 8 de junho entre os braços de sua esposa preferida, Aisha[15].

O Alcorão, a palavra «incriada» de Deus

8. Examinemos mais de perto a figura do legislador e pregador. Como nasce o Alcorão?

Maomé se esforça muito para desenvolver a legislação dos beduínos, que não tinham leis além daquelas transmitidas pela tradição. Em Medina, ele precisa resolver uma série de problemas sociais, econômicos, familiares, matrimoniais, de relacionamentos com os escravos, com os judeus e os cristãos. Sempre que surge um problema, depois de alguns dias Maomé dá uma resposta sob a forma de revelação, ou seja, a resposta é apresentada como se tivesse «descido» de Deus diretamente a ele.

A revelação corânica é, realmente, um dogma essencial para o muçulmano. Na revelação cristã, o redator do texto sagrado é ao mesmo tempo coautor com Deus e escreve sob a influência do Espírito Santo. Por isso, com relação à Bíblia, fala-se de «inspiração». Quando um cristão abre o

---

(14) Sura da Mesa Provida (5), 3.
(15) Monogâmico durante todo o tempo em que Khadija viveu, Maomé teve depois da morte dela pelo menos outras dez mulheres. Aisha, a filha do futuro primeiro califa Abu Bakr, foi desposada à idade de seis anos, embora o matrimônio tenha sido consumado apenas aos nove.

Evangelho, lê: Evangelho de Jesus Cristo *segundo* Mateus, Marcos, Lucas ou João. Esse *segundo* é essencial e o estilo de cada um dos evangelistas é bem reconhecível. No Islã, as coisas não são assim: o Alcorão não é considerado apenas um texto revelado, mas também *munzal*, descido[16], sobre Maomé. O texto seria simplesmente a transcrição literal de um Alcorão «incriado» que se encontra desde o início em Deus e que «desceu» sob a forma de um Alcorão histórico.

Apoiando-se em alguns versículos, a tradição muçulmana sugere que essa «descida» ocorreu de uma só vez no momento do chamado profético de Maomé, dito «a Noite do Destino» [noite de al-Qadr]. Diz o Alcorão: «Por certo, fizemo-lo descer na noite de al-Qadr. E o que te faz inteirar-te do que é a noite de al-Qadr? A noite de al-Qadr é melhor que mil meses. Nela, descem os anjos e o Espírito, com a permissão de seu Senhor, encarregados de toda ordem. Paz é ela, até o nascer da aurora»[17]. Uma outra referência é encontrada nos primeiros versículos da sura do Fumo (44): «*Ha, mim*[18]. Pelo Livro explícito! Por certo, nós o fizemos descer em uma noite bendita, por certo, somos Admoestadores. Nela, decide-se toda sábia ordem».

Portanto, os muçulmanos afirmam que naquela noite o Alcorão, que até o momento estava no Céu «registrado em tábuas custodiadas»[19], literalmente se «fez descer» em

---

(16) Esse é o significado do verbo árabe *anzala*, traduzido como *revelar*.
(17) É a sura do Destino inteira (97).
(18) Letras do alfabeto árabe que correspondem a *h* e *m*. Sua função no início do versículo não está clara.
(19) Sura das Constelações (85), 22.

Maomé, que em seguida o comunicou aos seus fiéis «aos poucos», segundo as circunstâncias. Não se trata de uma criação de Maomé, que é simplesmente o «retransmissor» material de um texto que lhe foi «ditado» por Deus através do arcanjo Gabriel.

Gostaria de contar uma experiência pessoal: no exame oral de conclusão do Ensino Médio que fiz no Cairo, perguntaram-me quem era o autor do Alcorão. Obviamente, como cristão, não podia responder «Deus» a essa pergunta-armadilha, mas se não respondesse dessa forma talvez fosse reprovado. Às minhas costas, um amigo muçulmano me dizia em voz baixa: «Diga que é Deus e pronto!». O Senhor depois me inspirou a resposta certa: «Para os muçulmanos, é Deus». Descritivo, e não normativo!

9. Qual é a consequência teológica desse dogma, ou seja, do fato de que o Alcorão é considerado «a língua de Deus»?

Se o Alcorão «desceu», não temos nenhuma possibilidade de interpretá-lo de forma crítica ou histórica, nem mesmo em relação aos aspectos que estão evidentemente ligados aos usos e costumes de um determinado contexto histórico e cultural. No âmbito cristão se pratica a crítica bíblica – que se desenvolve não nos tempos do Iluminismo, como alguns erroneamente afirmam, mas já a partir dos Padres da Igreja – porque, se o texto bíblico foi revelado por Deus segundo modalidades humanas, isso significa que a palavra de Deus é simplesmente recebida pelos homens levando-se em consideração as condições contingentes em que se encontram.

Na história do Islã, aconteceu que em certo momento decidiu-se que a interpretação do texto não era mais possível. Por isso, hoje, até mesmo a simples tentativa de entender o que o Alcorão significa, qual mensagem quer comunicar em um certo contexto, é vista como um desejo de colocá-lo em discussão. E esta é a verdadeira tragédia do mundo islâmico: não está claro quem decidiu isso, mas todos aceitam esse postulado. Desde o século XI a «porta da interpretação»[20], do esforço pessoal, se fechou e ninguém mais consegue abri-la. Em geral, concorda-se que o grande al-Ghazali[21] foi o último que legalmente repensou de modo definitivo o Islã.

Ao longo da história apareceram inúmeros reformadores, mas não conseguiram se impor a toda a comunidade muçulmana. A respeito do papel da razão na interpretação do texto corânico, Averróis[22] escreveu uma obra famosa, traduzida em várias línguas, intitulada *Discurso decisivo sobre a harmonia entre a religião e a filosofia*, ou seja, a charia (*sharica*): nesse texto, afirma de maneira bem argumentada que o homem tem o *direito* de interpretar (*tawil*) o Alcorão. Ou melhor, tem o *dever* de interpretá-lo, e não só de comentá-lo (*tafsir*), para entender seu significado autêntico em relação à época em que vive.

Na era moderna, foram feitas muitas tentativas nesse sentido, quase sempre inúteis. O peso dessa tradição e sobretudo o pavor de questionar as certezas adquiridas criaram um tabu: não é possível interpretar o Alcorão; ele não pode ser repensado criticamente.

---

(20) Em árabe, *bab al-ijtihad*.
(21) Abu Hamid Muhammad al-Ghazali (1058-1111), chamado Algazel. Teólogo e pensador muçulmano autor de inúmeros tratados filosóficos e doutrinais.
(22) Abu al-Walid Muhammad ibn Rushd. Filósofo árabe nascido em Córdova em 1126.

I. OS FUNDAMENTOS

10. Quando o conjunto da revelação foi compilado em um só livro?

Duas décadas depois da morte de Maomé. Ele nunca quis que a compilação fosse feita durante sua vida. As suras eram memorizadas e, às vezes, transcritas em pedaços de barro, em folhas de palma, em pergaminhos e em ossos de camelo. Apenas com o califa Uthman[23] todos esses fragmentos foram reunidos, na tentativa de constituir um *mus-haf*, um livro. Uthman quer, na verdade, acabar radicalmente com o problema constituído pela difusão de mais versões do Alcorão. Reúne então os sete *huffaz* (memorizadores) mais famosos, ou seja, aqueles que haviam aprendido de memória alguns trechos do Alcorão, dando assim origem à versão oficial, chamada *uthmana*.

Porém, durante um longo tempo, outros problemas persistem. Os árabes, naquela época, ainda não indicavam os pontos sobre as letras do alfabeto e isso podia dar margem a uma série de mudanças entre diversas letras que têm uma grafia idêntica. São, na verdade, os pontos que indicam – segundo seu número e a posição sobre ou sob a letra – a diferença, por exemplo, entre *b*, *t*, *th*, *n* e *y*, portanto sua omissão podia levar a uma leitura errada do texto. E não só isso: faltavam também os sinais vocálicos, indispensáveis em uma língua semítica para a leitura correta dos vocábulos breves. Na sura do Romanos (20)[24], por exemplo, não está claro se se deve ler *ghalaba al-Rum*

---

(23) Uthman ibn Affan, primeiro entre os poderosos de Meca a se converter ao Islã. Em 644, sucede Umar como terceiro califa. Morre assassinado em 656.
(24) Em árabe, o termo *Rum*, que significa romanos, indica os bizantinos do Império Romano do Oriente.

ou *ghuliba al-Rum*: os romanos venceram ou foram vencidos. É uma grande diferença.

Uma vez estabelecida a versão oficial, o califa Uthman ordena a destruição de todas as outras, e então a versão feita por sua iniciativa é o Alcorão que temos hoje, fruto de um compromisso entre sete *huffaz* que frequentemente tiveram divergências entre si. Por isso, afirmar com certeza que essa versão é a reunião de tudo que Maomé efetivamente pronunciou é impossível. As revelações são distribuídas por cerca de 8 mil dias, do ano 610 ao 632, e nenhum ser humano pode pretender possuir uma memória tão perfeita para recordar, a distância de muitos anos, as palavras exatas escutadas apenas uma vez.

Quando os Padres da Igreja escreviam em grego, não citavam literalmente os Evangelhos, enquanto fazer algo parecido seria considerado grave em relação ao Alcorão. Lembro-me de ter assistido, em Roma, durante um encontro sobre o diálogo islâmico-cristão, a uma cena protagonizada por um imã jordaniano encarregado de recitar uma prece. O pobre coitado errou uma palavra na recitação de memória de alguns versículos do Alcorão e de repente fez-se um burburinho entre os muçulmanos presentes, que o corrigiram, mas ele errou uma segunda e uma terceira vez, e ao fim se interrompeu chateado e foi embora cheio de vergonha. Tinha, de fato, escandalizado os ouvintes, deformando a palavra incriada de Deus.

Para os muçulmanos, o Alcorão pode ser comparado a Cristo: Cristo é o Verbo de Deus encarnado, e o Alcorão – perdoem-me o jogo de palavras – é o verbo «encartado», fixado no papel. Esse paralelo deveria permitir aos muçulmanos considerar o Alcorão como *divino* e *humano* ao mesmo tempo, como fazem os cristãos reconhecendo

I. OS FUNDAMENTOS 31

as duas naturezas de Jesus, mas na verdade o consideram apenas divino.

11. Os 114 capítulos que compõem o Alcorão são dispostos em ordem cronológica de acordo com o tempo de sua revelação?

Com exceção da primeira sura, a da *fatiha*, ou seja, a «sura de abertura», todas as outras estão ordenadas por tamanho, da mais longa à mais curta. Existe ainda uma classificação cronológica aproximada dos diversos capítulos. Quando abrimos uma cópia do Alcorão em árabe podemos encontrar, sob o título, a indicação «essa sura desceu depois desta», e quando se pula para uma outra se diz que «desceu depois daquela». Não se deve pensar, além disso, que a uma única sura corresponde apenas uma intervenção de Maomé. Na verdade, várias suras apresentam em seu interior versículos que «desceram» em momentos diversos.

12. Para quem conhece o árabe, a leitura do Alcorão oferece objetivamente algo de surpreendente e extraordinário?

Muitos trechos têm uma força atrativa excepcional, outros são um pouco estranhos e herméticos. Algumas coisas fogem à compreensão, mas as surpreendentes contrações sintáticas, que produzem um efeito mágico, despertam admiração. Se eu escrevesse hoje desse modo, diriam que é anormal e artificial. Mas, ao lado desses inúmeros versículos, há outros muito enfadonhos, trechos que não possuem nenhum apelo poético, textos legislativos que parecem não ter a mínima inspiração poética ou espiritual.

Para uma pessoa de cultura cristã, a leitura do Alcorão

é algo bizarro e, depois de certo tempo, até decepcionante. Descobre-se de repente que aquele texto não tem nada a ver com a Bíblia. Há alguns trechos que a evocam, e estão seguramente entre os mais belos do Alcorão, mas também há páginas e mais páginas de diretrizes práticas sobre a vida cotidiana. E, ao lado dos problemas pessoais de Maomé com suas mulheres, encontramos belíssimas reflexões espirituais e preces.

Um dos capítulos mais belos é a «sura do Monoteísmo Puro», a número 112, que proclama: «Dize: Ele é Allah, Único. Allah é o Solicitado. Não gerou e não foi gerado. E não há ninguém igual a Ele». Este «não gerou e não foi gerado» era dirigido aos árabes pagãos, mas rapidamente se entenderá como endereçado aos cristãos, contra seu Credo que diz que Jesus Cristo é «gerado, não criado». Pronunciando hoje esses versículos, nenhum muçulmano pensa nos pagãos, e sim nos cristãos. Outras suras, ao contrário, são frequentemente tediosas, e quem as lê em árabe não vê aquilo que os muçulmanos denominaram *ijaz al-Quran*, ou seja, «o milagre do Alcorão».

13. Por «milagre do Alcorão» se entende a afirmação segundo a qual o Alcorão teria descido do Céu já pronto?

Não exatamente. O *ijaz*, o milagre, é para os muçulmanos o estilo literário inimitável do Alcorão. A uma certa altura, as pessoas perguntam a Maomé: «Você, que se diz profeta, nos dá quais sinais? Faça um milagre! Você nos fala dos milagres de Moisés, dos milagres de Jesus: e seus milagres, onde estão?». E ele responde: «Meu milagre é o Alcorão: produzam apenas um verso parecido». A tradição muçulmana diz que os beduínos não foram capazes de produzir nem mesmo um versículo que igualasse a

I. OS FUNDAMENTOS 33

beleza do Alcorão, e definiram esse fato como «milagre». Maomé, na prática, não fez nenhum milagre, embora a tradição posterior tenha lhe atribuído vários, à imitação dos profetas.

Os muçulmanos dizem que, se fizéssemos uma comparação, no computador, de uma análise sintática e lexical das expressões de Maomé – reunidas nos *hadith* – com o Alcorão, os dois textos não teriam nada em comum, pois o Alcorão é a língua de Deus, enquanto os *hadith* são a língua de Maomé. Mas é uma afirmação fortuita, visto que tal estudo nunca foi feito e que o exame filológico demonstra a influência concreta dos eventos da vida de Maomé sobre o texto corânico, como confirma, por exemplo, o uso de algumas palavras etíopes[25], tipicamente cristãs, apenas no período posterior à imigração dos muçulmanos na Etiópia.

14. Os muçulmanos sempre afirmam que Maomé era analfabeto. Não podemos deduzir desse fato, e pela descrição que fez do Alcorão, que o texto é «milagroso»?

Os estudiosos ocidentais e inúmeros estudiosos muçulmanos negam totalmente o analfabetismo de Maomé. Todas as vezes que o Alcorão menciona a palavra *ummi* (analfabeto), ela se opõe à palavra que indica aquele que possui um livro sagrado. Os *ummiyyun* não são aqueles que não sabem ler, e sim aqueles que não possuem um livro revelado. Dizer que Maomé é o profeta dos *ummiyyun* é interpretado no sentido de que ele se considerava profeta ao se comparar com os pagãos, excluindo os judeus e cristãos que, ao contrário, possuíam um texto

---
(25) Como *zabur*, saltério, ou *hawari*, apóstolo de Jesus.

sagrado. Portanto, o significado de *ummi* tem o mesmo valor do latino *gentes*, povo, utilizado para descrever São Paulo como o Apóstolo dos gentios, ou seja, dos pagãos. É muito provável que esse significado tenha sido adotado pelos judeus, que usavam uma expressão similar para designar os *goyim*, as outras nações.

Cinco pilares para uma crença

15. Quais são os fundamentos da fé islâmica?

O Islã se baseia em cinco pilares: a profissão de fé em Allah e em seu profeta (*shahada*), a prece ritual cinco vezes ao dia (*salat*), o oferecimento da esmola ritual (*zakat*), o jejum no mês do Ramadã (*sawm*) e, por fim, a peregrinação a Meca, que deve ser cumprida ao menos uma vez na vida por aqueles que têm possibilidades (*hajj*).

É difícil fazer uma comparação com os mandamentos cristãos. Por exemplo, a prece para um cristão é uma maneira de se dirigir a Deus que pode assumir várias formas, dentre as quais a litúrgica. No Islã, a ótica é de tipo predominantemente jurídico. Para um muçulmano, a prece ritual[26] se exprime no cumprimento de certos ritos, como a prostração, que deve ser realizada de maneira formalmente perfeita. É verdade que a *salat* dura de cinco a dez minutos e se cumpre cinco vezes por dia, mas se trata de um rito. Quem a efetua de modo formalmente correto, em conformidade com o rito determinado, depois de se purificar com as abluções, fez a prece; quem a faz sem respeitar a purificação, é como se não tivesse orado.

---

(26) A prece não ritual que mais se assemelha à cristã se chama *dua*.

I. OS FUNDAMENTOS

Por exemplo, a mulher, quando fica menstruada, é considerada impura e por isso não pode executar a prece ritual, que deve ser feita em outro dia. O mesmo vale para o jejum: as mulheres, normalmente, por alguns dias durante o mês de Ramadã, não podem jejuar pois estão impuras e devem recuperar esses dias perdidos durante o Ramadã ao longo do ano. É um fato objetivo, não subjetivo.

Vejamos ainda o exemplo do jejum: consiste em não comer, não beber, não fumar, não introduzir nada no corpo do alvorecer ao pôr do sol; mas depois do pôr do sol se come mais e melhor que nos dias normais. Isso, para dizer a verdade, não era o espírito ascético do Ramadã; trata-se de uma deturpação que já dura séculos. Já al-Ghazali, no século XI, clamava contra essa traição do espírito original do Ramadã. Porém, na verdade, jejuou quem cumpriu formalmente as normas rituais. Portanto, o Islã é uma religião normativa e isso é, ao mesmo tempo, sua força e sua fraqueza.

Por outro lado, o fato de que a prece e o jejum sejam atos coletivos é um elemento essencial: todos se reúnem, na mesma hora, para fazer os mesmos gestos, pronunciar as mesmas preces. O mesmo pode ser dito da peregrinação a Meca, que é um encontro extraordinário envolvendo milhões de homens. Esse sincronismo coletivo dá ao Islã uma força muito grande, pois reforça a fraternidade entre os muçulmanos. Mesmo o Ramadã sugere isso: todos se cansam e jejuam durante o dia e depois, ao pôr do sol, todos correm à água para beber. É um fato social de grande relevância que envolve às vezes até mesmo os cidadãos não muçulmanos. Essa é a força do Islã, a visão religiosa almejada com muita sabedoria por Maomé.

16. Quer dizer que as outras religiões são mais difíceis de praticar ou mais «exigentes» com seus fiéis?

Os muçulmanos afirmam que, enquanto o judaísmo é uma religião mais «terrena» – o que não é verdade – e o cristianismo é celeste, sublime mas tão ideal que ninguém pode vivê-lo plenamente, o Islã combinou esses elementos terrenos e celestes na religião da moderação e da razão.

Na verdade, muitos dos ensinamentos do Islã não são realmente racionais, mas, por serem repetidos há séculos, se tornaram indiscutíveis. Afirmar, por exemplo, que o Alcorão tenha descido do céu ou que Maomé seja o profeta de Deus é algo não demonstrável, que a razão não pode admitir sem o sustentáculo da fé. Por isso quem não tem essa fé, ou seja, quem não é muçulmano, dificilmente reconhece o caráter profético de Maomé.

O Islã é exigente em certas coisas, e menos em outras. De um lado, é exigente pois impõe a prece cinco vezes por dia e o jejum do amanhecer até o pôr do sol durante um mês. De outro lado, é indulgente porque não nos impõe muitas perguntas: as coisas são desse jeito, e todos fazem assim. Fazer alguma coisa junto com os outros é mais simples. O Islã é relativamente fácil de ser praticado porque há uma forte base social que circunda o muçulmano, ao menos nos países islâmicos, enquanto é mais difícil nos países não islâmicos, ou seja, para aqueles que emigraram, justamente porque não existe mais aquele consenso social, e a prática deve ser fruto de uma escolha totalmente pessoal.

O Islã é uma religião mais comunitária que individual. O muçulmano não se perde em considerações complicadas pois sabe o que deve ou não deve fazer, frequentemente tem respostas preestabelecidas e menos problemas de consciência que o cristão. Diante de problemas de consciência, a resposta de um cristão não é simplesmente ditada pela Igreja, mas por sua livre aceitação, a aceitação racional daquilo que a Igreja ensina. No entanto, o mundo moderno faz aos muçulmanos de hoje inúmeras perguntas que não estavam previstas nas origens, e isso os deixa na dúvida. E é por isso que muitos se voltam aos *fuqaha*, os jurisconsultos, para obter uma resposta válida aos seus novos questionamentos.

17. Mas então não existe uma espiritualidade islâmica. É quase como se o muçulmano não tivesse exigências espirituais...

Não pretendo absolutamente negar a existência de uma espiritualidade muçulmana. Ao contrário, esta pode ser muito profunda, como no caso dos místicos (os sufis), mas às vezes a religiosidade muçulmana pode ser muito superficial, pelo fato de que muitos se contentam em observar as prescrições. No cristianismo, a via espiritual de um único crente é um elemento absolutamente central, enquanto no Islá isso é menos comum. O legalismo do Islá se parece bastante com o do judaísmo.

Não significa que a ciência principal do Islá seja a jurisprudência, nem a teologia ou a espiritualidade, como na tradição cristã. No Islá, o erudito (ou o *faqih*, singular de *fuqaha*) é aquele que conhece toda a jurisprudência e os fiéis se dirigem a ele para perguntar se, em determinadas situações, podem por exemplo efetuar a prece, e ele indica o que devem fazer para cumpri-la de modo correto. Você pode abrir qualquer livro de tradição muçulmana, de jurisprudência ou de *hadith*, e vai encontrar de tudo, a começar pelas regras da purificação, isto é, as normas das abluções necessárias para a prece ou o jejum. Mesmo o texto que reúne as sentenças do aiatolá Khomeini, por exemplo, elenca uma série de diretrizes acerca da pureza, da prece, do jejum, todos vistos como atos rituais.

A purificação é um ato jurídico, não espiritual. Os *fuqaha* nos lembram os «doutores da Lei» dos Evangelhos. A pureza é vista do mesmo modo que no Antigo Testamento, do qual temos um eco no debate evangélico entre Jesus e os fariseus, os verdadeiros especialistas da Torá: é uma pureza exclusivamente exterior. Contra essa ideia, Cristo reagiu dizendo: «Não compreendeis que tudo o que entra pela boca vai ao ventre e depois é lançado num lugar secreto? Ao contrário, aquilo que sai da boca provém do coração, e é isso o que mancha o homem»[27].

Também encontramos essa visão do Antigo Testamento no Islã: se o homem não fizer as abluções prescritas, sua prece não será recebida por Deus. As regras da purificação dizem que eu não posso cumprimentar uma mulher, pois ela pode estar menstruada, o que a torna impura e, tocando-a, eu mesmo me tornarei impuro. E assim por diante.

Tudo está prescrito, mas inserido no contexto do mundo cultural árabe do século VII. Por isso, quando se procura entender o que o projeto maometano significa para a religião islâmica, surge um desenho complexo, um projeto sociopolítico-cultural-religioso.

Ser muçulmano significa, para muitos fiéis, pregar ou se vestir de certo modo, comer certos alimentos e rejeitar outros (como os derivados de porco ou a carne malpassada), comportar-se externa e interiormente de certa maneira. Em relação a isso, deve-se notar uma radical diferença

---

(27) Mt 15, 17-18.

em relação ao cristianismo, que não é antes de tudo uma religião (ou seja, a tentativa humana de representar o Mistério de acordo com uma certa ideia de Deus e de praticar uma série de normas éticas por meio de comportamentos coerentes), e sim um Evento, o advento da revelação de Deus que corresponde à expectativa humana e se torna Ele mesmo presente no homem, assumindo sua condição.

II. O Islã pode mudar?

Unidade e pluralidade

18. Frequentemente, ouve-se dizer que é errado conceber o Islã como um bloco monolítico que abrange os aspectos religiosos, culturais e antropológicos, e se solicita uma leitura plural que ultrapasse as generalizações e as leituras massificantes de uma realidade que é cada vez mais variada. O senhor concorda com isso?

Em nível teológico, a unidade do Islã se baseia na unicidade de Deus e na profecia de Maomé resumida no primeiro pilar: Deus é absolutamente único (*tawhid*); Maomé é seu último mensageiro e é o selo dos profetas (*khatam al-nabiyyin*), ou seja, aquele que transmite à humanidade a última mensagem de Deus, que corrige e completa todas as revelações precedentes, levando-as à plena realização.

Em nível prático, a unidade do Islã é realizada por meio dos outros quatro pilares: a prece ritual, a esmola, o jejum e a peregrinação. A força evocativa dos cinco pilares e sua eficácia a fim de fortalecer a unidade entre os fiéis encontram sustentação na humanidade e na simplicidade de gestos e palavras, rituais, tempos e movimentos (ajoelhar-se em direção à Meca durante a prece, girar em torno da Caaba, etc.). Também nisto reside a genialidade de Maomé: ter idealizado e proposto ritos simples e fortemente unificadores.

No mundo todo, a comunidade tem como referência comum o Alcorão, cujo texto é recitado apenas em árabe (mesmo por quem não conhece essa língua), de maneira uniforme e sem nenhuma variante[1]. Esse texto é considerado a palavra comunicada por Deus ao seu último mensageiro, Maomé, a partir da cópia incriada que está no céu junto a Deus.

Ao longo dos séculos, o Islã se difundiu em diversas áreas do mundo e é inegável que existe há muito tempo um pluralismo em suas expressões em nível sociocultural. Pode-se dizer, por exemplo, que o Islã africano é frequentemente menos fechado e dogmático, como confirma a convivência de cristãos, muçulmanos e pagãos em um mesmo núcleo familiar, ou a difusão de experiências ascéticas como o sufismo e as confrarias que em outros lugares seriam condenadas ou toleradas de má vontade. Assim, pode-se notar que o Islã do Líbano é mais aberto à modernidade. Tudo isso faz parte da lógica de uma religião que se difundiu em muitos

---

(1) Em alguns países, vem se difundindo a prática de ler o Alcorão na língua local ou nas línguas das diversas comunidades que frequentam a mesquita. Mas essa prática não exclui a regra soberana que impõe a recitação (*talawa*) em árabe.

lugares do mundo, mas não incide de maneira determinante no fato de que o Islã, apesar de suas variantes sociológicas, mantém fortes raízes comuns no plano dogmático e ritual e é considerado pelos muçulmanos como um projeto global, ao mesmo tempo religioso, cultural, social e político. É uma mentalidade que foi se construindo ao longo de séculos de história e é confirmada hoje pela hegemonia dos países islâmicos mais ricos, em particular a Arábia Saudita, que por meio de seus financiamentos influenciam as ideias e os comportamentos de milhões de fiéis e contribuem para um processo de «unificação» do pensamento.

Dou um exemplo que talvez seja pouco conhecido na Europa: o Egito é o país árabe que tem o maior número de muçulmanos e produziu até hoje a grande maioria dos filmes em língua árabe. Há uns dez anos, os sauditas praticamente conquistaram o controle da distribuição cinematográfica e estabeleceram algumas regras para a circulação de um filme, que deve respeitar determinados cânones: por exemplo, a mulher deve portar o véu, o apelo à prece deve ser mostrado, enquadrando os fiéis que se prostram para rezar ou qualquer um que abaixa as portas do comércio para ir à mesquita, e exibir bebidas alcoólicas é proibido.

Ainda falando de Egito, a Arábia Saudita financiou a criação de centenas de escolas «azháricas»[2] nos vilarejos (pequenas células de nível fundamental e médio onde se transmite um ensino com forte apelo islâmico no sentido

---

(2) Refere-se à universidade islâmica de al-Azhar, fundada pelos fatímidas em 973, quatro anos depois de sua entrada no Egito, como mesquita--escola teológica xiita. Seu nome significa «a Resplandecente», alusão a Fátima *al-Zahra*, filha de Maomé e mulher de Ali, que também deu nome à dinastia. É frequentada por estudantes provenientes de todo o mundo muçulmano, e teve um papel importante na história do pensamento do mundo muçulmano sunita.

tradicionalista wahhabita)[3], as quais têm a mesma legalidade que as escolas estatais. Isso também contribui para criar uma mentalidade inspirada na ortodoxia mais intransigente, a mesma que alimenta, sobretudo entre as gerações mais jovens, os grupos fundamentalistas e radicais. E é justamente nessa mentalidade que os grupos protagonistas de ações violentas realizadas em nome do Islã encontram alimento, fértil solo cultural e às vezes também adeptos.

A autoridade religiosa e o núcleo de representação

19. Costuma-se dizer que o Islã não reconhece autoridades e hierarquias religiosas, mas há figuras que são vistas como autoridades: mufti, xeique, imã, aiatolá. Qual é seu grau de importância?

A afirmação segundo a qual «não existe clero no Islã» é um equívoco muito difundido no Ocidente. Se por «clero» se entende aquilo que os cristãos católicos ou ortodoxos entendem, então é verdade: o Islã não tem padres nem cardeais nem bispos, muito menos sacerdotes. Porém, dizer que não existe uma autoridade ou uma hierarquia é falso. Ao contrário, em certo sentido o clericalismo no Islã é ainda mais forte que na Igreja Católica.

Explico-me: todos os muçulmanos são iguais, mas são muitos os que se dedicam ao estudo do Islã em suas várias formas. Quem estuda a tradição, o *hadith*, se torna

---

(3) Refere-se à interpretação rigorosa do Islã elaborada pelo teólogo Muhammad bin Abdil-Wahhab (1703-1787), dominante na Arábia Saudita.

muhaddith; quem estuda o direito se torna *faqih* ou *mufassir*, doutor da lei; quem faz estudos genéricos do Alcorão e da tradição se torna um imã que guia a prece na mesquita; quem tem uma bela voz e se dedica, mediante remuneração, a fazer o apelo à prece cinco vezes por dia se chama muezim; e quem desfruta de uma reconhecida autoridade religiosa é o sheik, xeique, que significa ancião em árabe, mas também «presbítero», como em várias outras línguas. Isso no que diz respeito à terminologia árabe.

No Islã da Pérsia encontramos outros termos, como mulá, *sayyed*, *hojjatoleslam*, aiatolá, etc. No mundo xiita, a hierarquia é estruturada com base no grau de conhecimento adquirido pelo fiel e de acordo com o número de textos estudados, que podem ser milhares. Há, em síntese, uma graduação com títulos que correspondem a vários níveis. Entre os xiitas, o sistema vigente é o do discipulado, ou seja, todo fiel devoto deve escolher seu guia entre os imãs, a quem entrega também o chamado *khums*, a quinta parte de seus lucros, estabelecendo uma relação íntima mestre-discípulo.

No sunismo isso é menos evidente, mas também existe. Se considerarmos o Egito, um país 90% sunita, notamos que a autoridade que os imãs e os xeiques exercem sobre os fiéis é enorme. Isso está ligado, certamente, ao nível de cultura. Quanto mais instruída for uma pessoa, menos ela se sentirá dependente. Mas, como a grande maioria dos muçulmanos não tem possibilidades de se aprofundar nos aspectos doutrinais e jurídicos do Islã, então mais facilmente se submete ao julgamento dos xeiques.

Também há as autoridades supremas, como a Universidade islâmica de al-Azhar, no Cairo, uma instituição muito antiga que desfruta de grande prestígio em todo o mundo sunita e desempenha o papel de juiz do pensamento islâmico moderno. A autoridade moral do reitor de al-Azhar ultrapassa os limites do Egito, embora não corresponda à figura do papa no catolicismo.

Cada país muçulmano tem seu grão-mufti, palavra derivada de *fatwa*, que significa o pronunciamento das leis. Nomeado tradicionalmente pelo governo, o mufti é aquele que emite as *fatwa*, às vezes sugeridas pelo próprio governo. Todos os titulares desse cargo recebem salários do Estado, até mesmo no Líbano, que é um país multiconfessional. É interessante notar que o governo libanês propôs remunerar também os chefes religiosos cristãos, mas estes recusaram, a fim de permanecer independentes da autoridade política. Todos os xeiques muçulmanos, ao contrário, aceitaram o salário, o que significa que, se alguém for impopular aos olhos do governo porque é muito independente, pode ser destituído e substituído.

Dito isso, é necessário concordar que não existe uma autoridade jurídica similar à dos bispos ou do papa no catolicismo, pois a autoridade dos chefes religiosos muçulmanos é apenas de ordem moral. Suas opiniões são respeitadas, mas não obrigatórias, e essa é uma enorme diferença em relação à autoridade como é concebida no cristianismo católico e ortodoxo e, em menor medida, mas mesmo assim significativa, nas Igrejas protestantes.

20. Talvez seja um problema recente provocado pelo fim do califado, que representava, ao menos formalmente, a unidade do mundo islâmico.

Nos primeiros séculos do Islã, o califa tomava as decisões sobre as questões religiosas depois de ter se consultado com os juristas. O fim do califado em 1924 evidenciou a fraqueza em que o mundo islâmico, já naquela época, se encontrava e realmente favoreceu a multiplicação de grupos e autoridades locais que assumiram as decisões de modo autônomo.

Os muçulmanos também buscaram, por algum tempo, preencher esse vazio propondo um novo califa, seja na pessoa do rei do Egito, Fuad[4], ou do rei da Arábia, Abdul--Aziz[5]. Mas a coisa não funcionou: eles se deram conta de que nenhum dos dois gozava de uma autoridade reconhecida e de que o mundo muçulmano não era compacto e unido. Depois buscou-se preencher o vazio com a criação de organizações muçulmanas internacionais, mas estas tiveram apenas uma autoridade consultiva, e não jurídica.

Hoje o Islã está bastante desagregado, e isso com certeza é um problema quando se procura um interlocutor «oficial» para esclarecer as questões mais urgentes. Basta pensar nas polêmicas suscitadas recentemente pelos apelos de Bin Laden ou de outros líderes muçulmanos para que se reunissem as massas «em nome do Islã», apelos rejeitados por outros líderes e organizações, também em nome do Islã.

Para a opinião pública, um dos aspectos mais paradoxais da crise internacional que se seguiu ao ataque das Torres Gêmeas de Nova York foi a multiplicação de declarações desencontradas citando o Alcorão ou a tradição islâmica, que confirmou de maneira dramática a falta de um referencial confiável e unanimemente reconhecido em nível internacional.

---

(4) Rei do Egito de 1923 a 1936. Antes daquela data, governava com o título de sultão.

(5) Fundador, em 1932, do reino da Arábia Saudita e pai de todos os posteriores soberanos sauditas.

21. Portanto, é inevitável ter de lidar com uma série de «representantes» de opiniões muitas vezes contraditórias?

Infelizmente sim. O caso mais impressionante foi a longa «guerra de *fatwa*» que opôs o mufti do Egito ao reitor de al-Azhar. As controvérsias versavam sobre temas religiosos, por exemplo: se se devem considerar válidos o investimento bancário ou a infibulação, ou então chamar de «mártires» os camicases palestinos, ou ainda se era possível aceitar em certos casos o aborto.

O ponto é que, no Islã, a charia se baseia sobre uma infinidade de *hadith*, de máximas do profeta, muito difíceis de ser memorizadas. Por esse motivo os *fuqaha*, os doutores da lei, acabam tendo uma autoridade quase absoluta sobre os fiéis. A situação nos lembra aquela que faz dos doutores da lei e dos fariseus protagonistas do Evangelho; os judeus se sentiam totalmente dependentes deles pois eram incapazes de distinguir por si sós o verdadeiro do falso, o lícito do ilícito.

Para complicar as coisas, no Islã houve o «fechamento» da porta de interpretação – como já se lembrou[6] –, em razão do que se constituiu, por volta do século XI, em um acordo tácito segundo o qual tudo aquilo que devia ser esclarecido sobre o Islã já tinha sido explicado pelos grandes mestres das escolas jurídicas[7]. Esse *ijmac*, consenso, praticamente impediu o Islã de se renovar e de rejuvenescer com os tempos.

Hoje os muçulmanos liberais acusam o sistema jurídico islâmico de ter pretendido resolver os problemas de modo

---

(6) Cf. pergunta 9.
(7) As sunitas são quatro: hanafita, shafiita, malikita e hambalita. A xiita é chamada jafarita. Ver também o Glossário no Apêndice.

definitivo dez séculos atrás. Desde então surgiram muitas questões novas, mas ninguém pode procurar respostas diferentes daquelas já elaboradas séculos atrás, já que a porta de interpretação foi fechada. Obviamente, os grandes teólogos não se pronunciaram sobre o uso do automóvel ou da televisão, para os quais se usa hoje o princípio do *qiyas*, a analogia, que faz uma transposição analógica de uma questão similar da tradição antiga às questões modernas. É claro que, com muita frequência, se trata de verdadeiras acrobacias intelectuais que não estão de acordo nem com a vida real nem com o espírito da jurisprudência.

Sem falar dos outros motivos por trás de certas opiniões. O fato, por exemplo, de ser proibido na Arábia Saudita que as mulheres dirijam um automóvel está ligado a um desejo de controle por parte do homem. A mulher saudita pode sair de casa de carro, mas com um motorista, que a leva aonde ela quer ir, espera-a e depois conta ao marido aonde ela foi, o que fez e com quem se encontrou.

Jihad: guerra santa ou luta espiritual?

22. Qual é o significado de um termo tão usado e frequentemente equivocado como jihad?

A palavra *jihad* deriva da raiz *j-h-d*, que em árabe evoca um esforço, em geral bélico. No Alcorão, a palavra *jihad* é sempre utilizada no sentido de luta por Deus, segundo a expressão integral *jihad fi sabil Allah*, luta sobre o caminho de Deus, e por isso é traduzida nas línguas europeias, pelos próprios muçulmanos, como «guerra santa».

Essa tradução recentemente foi contestada por alguns

estudiosos, sobretudo ocidentais, segundo os quais a *jihad* não é a guerra, e sim a luta espiritual, o esforço interior. Faz-se também a distinção entre a *jihad akbar* e a *jihad asghar*, a grande *jihad* e a pequena *jihad*. A primeira seria a luta contra o egoísmo e os males da sociedade – em suma, um esforço ético e espiritual –, enquanto a segunda seria a guerra santa a ser combatida contra os infiéis em nome de Deus.

Tudo isso é uma visão que não corresponde à tradição islâmica nem à linguagem moderna. Todos os grupos islamistas que adotam a palavra *jihad* não a entendem certamente em seu significado místico, e sim na acepção violenta, e as dezenas de livros publicados nos últimos anos sobre a *jihad* se referem todas à guerra santa. Portanto, seja em nível histórico, do Alcorão em diante, seja em nível sociológico, o significado atual de *jihad* é unívoco e indica a guerra muçulmana em nome de Deus para defender o Islã.

Explico-me: a *jihad* é uma obrigação de todos os muçulmanos adultos, em particular dos homens. O Islã reconhece dois tipos de obrigação: a obrigação individual e a obrigação coletiva, e a *jihad* é uma obrigação coletiva no sentido de que toda a comunidade deve participar dela, caso se sinta ameaçada. Apenas o imã tem o direito-dever de proclamá-la, mas, uma vez que o fez, todos os muçulmanos do sexo masculino têm de participar da *jihad*.

Essa é uma obrigação estabelecida para o muçulmano no Alcorão, que com frequência repreende os «frouxos» por não fazerem guerra e permanecerem em casa, tranquilos, e os chama «hipócritas». Essa obrigação foi praticada desde o início por Maomé e diz respeito tanto à guerra defensiva, quando o Islã é atacado, como à preventiva, quando o risco de ser atacado é iminente. E a guerra deve ser combatida até que o último inimigo tenha partido ou tenha sido assassinado.

23. Existem regras estabelecidas para proclamar a jihad? E como se explica que às vezes – pensemos na Guerra Irã-Iraque, ou na do Golfo, ou então nas lutas históricas entre as várias dinastias árabes-muçulmanas – os países islâmicos combatam contra outros países islâmicos?

Uma guerra entre irmãos de fé é proibida e inconcebível em termos jurídicos islâmicos. Por esse motivo, se um líder muçulmano tem intenção de declarar guerra a um país muçulmano, deve primeiro declarar que esse país é descrente, ateu, em árabe *kafir*. Alegando que o outro é *kafir*, a declaração de guerra se torna legítima e inevitável, pois é conduzida contra os ateus.

Antes de declarar guerra aos seus inimigos, Maomé os convidava a abraçar o Islá, repetindo o convite três vezes. Se o rejeitavam, ele lhes informava da iminência do ataque e, caso ainda insistissem, atacava-os. Pode parecer algo que pertence ao passado, mas na realidade é aquilo que vimos nas últimas guerras, por exemplo no conflito Irã-Iraque, que resultou em um milhão de mortos, ou então na Guerra do Golfo. Ambas as facções declararam uma à outra *kafir*, proclamando-se paladina do Islá e colocando em sua própria bandeira, onde não existiam antes, os símbolos islâmicos. O Iraque, um país que se diz laico, inseriu em seu estandarte nacional as palavras *Allah-u Akbar*, «Deus é o maior», demonstrando uma motivação religiosa para atacar o adversário em nome de Deus.

O mesmo vale para o Kosovo, a Chechênia, o Afeganistão, as Filipinas, as Ilhas Molucas e onde quer que os muçulmanos estejam em guerra, onde vemos grupos armados chegarem de diversos países muçulmanos para fazer a *jihad* contra os inimigos do Islã (que frequentemente são os cristãos): chamam-se *mujahidin* (que etimologicamente significa «aqueles que fazem a *jihad*») e operam em vários países para fomentar revoluções ou sustentar rebeliões e movimentos de liberação nacional[8].

É aqui que percebemos com clareza que o objetivo de combater para o Islã em nível internacional prevalece sobre as motivações político-nacionais. Para esses grupos, o conceito de comunidade islâmica (*umma*) prevalece sobre o de cidadania (*watan*). Uma confirmação dessa atitude pôde ser vista por ocasião do recente conflito no Afeganistão, com os inúmeros casos de alistamento voluntário de muçulmanos que viviam nos países árabes – mas também de ocidentais – e escolhiam combater ao lado do Talibã com o objetivo declarado de defender o Islã ameaçado pelos «infiéis».

É interessante notar como, mesmo em relação à Palestina, onde a guerra é uma luta pela independência nacional dos palestinos contra a ocupação israelense, em vez de manter o debate no terreno político das reivindicações nacionais, os países muçulmanos o transformam em uma guerra de religião, em uma *jihad* pela libertação daquela terra. O principal problema, porém, não é religioso mas político, mesmo que muitos fanáticos palestinos e israelenses insistam na dimensão religiosa. Os judeus ortodoxos, assim como os muçulmanos ortodoxos, têm na verdade a mesma concepção da religião e do Estado. Uma

---

(8) Para se aprofundar na questão dos diversos movimentos radicais islâmicos no mundo, ver Camille Eid, *Osama e i suoi fratelli*, Pimedit, Milão, 2001.

concepção onde tudo se mistura e as diversas esferas perderam sua autonomia.

24. Frequentemente, ouve-se dizer no Ocidente e em certos ambientes muçulmanos moderados que esses mujahidin não são verdadeiros muçulmanos, que sua ação é contrária ao espírito do Islã, que o Islã significa etimologicamente paz e tolerância, e assim por diante. Isso é correto?

Os ocidentais que repetem essas afirmações muitas vezes conhecem bem pouco do Islã. Aceitam de boa vontade essas teses que vêm de ambientes muçulmanos, mas na verdade não são corretas.

As palavras *islam* e *salam* derivam efetivamente da mesma raiz, mas não têm ligação direta. Explico-me: a raiz *s-l--m* em árabe, como *sh-l-m* em hebraico e em todas as línguas semíticas, significa «ser são», «estar em paz», e há uma ligação semântica entre paz, salvação, saúde, etc. *Salam*, em árabe, significa paz, *salama* significa saúde, *islam* significa submissão. A palavra *islam* deriva do verbo *aslama*, que significa «submeter-se» ou «abandonar-se a»; o *islam* é portanto o ato de abandonar-se ou de submeter-se, subentende-se a Deus, mas não significa «estar em estado de paz», mesmo que alguém possa, com motivações espirituais, acrescentar esse significado não etimológico.

A violência está claramente presente na própria vida de Maomé, como já notamos por sua biografia. É interessante observar que as primeiras biografias do fundador não trazem o nome de *sira*, como serão chamadas no terceiro século da hégira (século IX da era cristã), assim como de *kitab al-maghazi*, ou seja, «o Livro das Razias». Foi o próprio Maomé que conduziu sistematicamente, como chefe político, essas razias, para organizar e conquistar, uma após a outra, as várias tribos árabes. E estas foram submetidas a ele e ao seu Deus, pagando um tributo que permitia a Maomé se lançar a novas conquistas.

Logo depois de sua morte (632), muitas tribos se rebelaram contra seu sucessor, o califa Abu Bakr al-Siddiq (632--634), recusando-se a continuar a pagar o tributo, portanto o califa teve de declarar sua guerra. Os historiadores muçulmanos chamam essa guerra *hurud al-ridda*, as guerras dos apóstatas. Daqui se derivou a obrigação de matar qualquer um que fosse contrário a isso, o apóstata que renega sua fé[9].

Deve-se acrescentar que os companheiros do califa lhe explicaram que aquelas tribos se recusavam a pagar o tributo, mas nem por isso rejeitavam o Islã. Na realidade, as tribos consideravam Maomé mais como líder político que como profeta religioso e não estavam dispostas, quando ele morreu, a reconhecer outro chefe.

A violência, definitivamente, fez parte do nascimento do Islã. Naquela época, ninguém achava as ações bélicas de Maomé reprováveis, pois as guerras eram um componente da cultura beduína da Arábia. Mas o problema é que, hoje, os grupos muçulmanos mais exaltados continuam a adotar aquele modelo. Dizem: «Nós também devemos trazer o Islã aos não muçulmanos, como fez o Profeta, com a guerra e a violência», e baseiam essas afirmações em alguns versículos do Alcorão.

25. No entanto, o Alcorão diz que não se deve fazer nenhuma coerção em matéria de fé...

No Alcorão, há desde versículos que são a favor da tolerância religiosa até outros que são abertamente contrários

---

(9) Cf. perguntas 58 a 61 sobre a apostasia.

a essa tolerância. Frequentemente, os muçulmanos que vivem no Ocidente citam os primeiros, como por exemplo o versículo 256 da sura da Vaca (2), sobre a proibição de forçar as pessoas a crer. A tradução de Helmi Nasr[10] diz: «Não há compulsão na religião! Com efeito, distingue-se a retidão da depravação», enquanto a de Samir El Hayek[11] diz: «Não há imposição quanto à religião, porque já se destacou a verdade do erro».

Há também o versículo 99 da sura de Jonas (10), que, na tradução de Nasr, recita: «E, se teu Senhor quisesse, todos os que estão na terra, juntos, creriam. Então, compelirás tu os homens, até que sejam crentes?». El Hayek traduz assim: «Porém, se teu Senhor tivesse querido, aqueles que estão na terra teriam acreditado unanimemente. Poderias (ó Mohammad) compelir os humanos a que fossem fiéis?».

Essas afirmações estão claramente voltadas para a tolerância, mas ao lado delas estão outras mais agressivas, como o famoso versículo 29 da sura do Arrependimento (9). A tradução de Nasr diz: «Dentre aqueles aos quais fora concedido o Livro, combatei os que não creem em Allah nem no Derradeiro Dia, e não proíbem o que Allah e Seu Mensageiro proibiram, e não professam a verdadeira religião; combatei-os até que paguem *al-jizyah*, com as próprias mãos, enquanto humilhados». O termo «aqueles aos quais fora concedido o Livro» se refere, obviamente, aos judeus e aos cristãos. Na tradução de El Hayek se lê: «Combatei aqueles que não creem em Deus e no Dia do Juízo Final,

---

(10) *Tradução do sentido do nobre Alcorão para a língua portuguesa*, publicada em 2005.
(11) *O significado dos versículos do Alcorão Sagrado com comentários*, publicado em 1974.

nem se abstêm do que Deus e Seu Mensageiro proibiram, e nem professam a verdadeira religião daqueles que receberam o Livro, até que, submissos, paguem o Jizya».

Ou então o versículo 47 da sura da Mesa Provida (5), que diz: «E que os seguidores do Evangelho julguem conforme o que Allah fez descer nele. E quem não julga conforme o que Allah fez descer, esses são os perversos»; ou também o versículo 110 da sura da Família de Imran (3), que se dirige aos muçulmanos dizendo: «Sois a melhor comunidade que se fez sair, para a humanidade: ordenai o conveniente e coibis o reprovável e credes em Allah. E, se os seguidores do Livro cressem, ser-lhes-ia melhor. Dentre eles, há os crentes, mas sua maioria é perversa». É como dizer que a maioria dos judeus e cristãos são ímpios e devem portanto ser combatidos como *kuffar* ou *kafirun*, como ateus.

Não nos esqueçamos de que estamos falando de cristãos e judeus, e não de politeístas. Para esses últimos, na verdade, não há alternativa: ou se tornam muçulmanos ou devem ser mortos. O versículo 142 da mesma sura se pergunta: «Ou supondes que entrareis no Paraíso, enquanto ainda não fizestes saber a Allah quais, dentre vós, lutareis, e não O fizestes saber quais os perseverantes?», enquanto o versículo 39 da sura dos Espólios ordena: «Combatei-os até que não mais haja sedição da idolatria, e que a religião toda seja de Allah».

Na tradição dos *hadith* atribuídos a Maomé também encontramos recomendações similares. Na coletânea de al--Bukhari, um capítulo inteiro é dedicado à *jihad*: nele, o autor trata exclusivamente da guerra em nome de Deus. O parágrafo 102 desse capítulo diz: «Recebi a ordem de combater a gente até que confessem que não há outra divindade a não ser Deus. Quem confessa isso não tem nada a temer de mim, não pode ser atacado em sua pessoa nem em seus bens senão em conformidade com o direito do Islã, e Deus será responsável por ele».

Um outro *hadith* atribui a Maomé a máxima: «Sabei que o Paraíso está sob as sombras das espadas».

No parágrafo 29 do primeiro capítulo da compilação de Ibn Hanbal encontramos, por outro lado, um *hadith* atribuído a Maomé – mas pessoalmente tenho minhas dúvidas – em que o profeta exprime sua intenção ou mesmo dá a ordem de expulsar os judeus e cristãos da Península Arábica a fim de que permaneçam apenas os muçulmanos: «Afugentarei os judeus e cristãos da Península dos Árabes, de modo a não restar mais que os muçulmanos»; ou ainda: «Afugentai da Península dos Árabes os judeus do Hijaz e a gente de Najran (ou seja, os cristãos)»[12]. Sabemos que, baseando-se nestes *hadith* cuja autoria é frequentemente discutível, no ano 20 da hégira (641 d.C.), o califa Umar efetivamente expulsou os cristãos e os judeus da Península Arábica[13].

Faço essas reflexões sobre a violência no Alcorão e na vida de Maomé para responder à afirmação difundida no Ocidente segundo a qual a violência que vemos hoje constitui uma deturpação do Islã. Devemos, em vez disso, reconhecer honestamente que há duas leituras do Alcorão e das sunas: uma leitura legítima que opta pelos versículos que propõem a tolerância em relação aos outros crentes, ao lado de uma segunda leitura, também legítima, que prefere os versículos que convidam ao conflito.

---

(12) Os inúmeros *hadith* a esse respeito foram reunidos por André Ferré em «Muhammad a-t-il exclu de l'Arabie les juifs et les chrétiens?», *Islamochristiana* 16, Roma, 1990, págs. 43-65, aqui pág. 48. Ver também Leone Caetani, *Annali dell'Islam*, Roma, 1920, v. 350-356.

(13) Ver o artigo de André Ferré supracitado, em particular a pág. 48.

Diante desses versículos contraditórios entre si, a tradição muçulmana teve de encontrar um método de interpretação chamado o princípio do ab-rogador e do ab-rogado, em árabe *al-nasikh wa-l-mansukh*. A teoria é simples: Deus, depois de ter dado uma disposição ou uma ordem, pode dar uma ordem oposta, por motivos contrários. Trata-se portanto de saber qual é a última ordem de Deus pela qual foi cancelada e ab-rogada a disposição anterior. O problema foi tratado por dezenas de exegetas, que escreveram longos tratados intitulados «Do ab-rogador e do ab-rogado», sem infelizmente chegar a um consenso que nos permita dizer com clareza: esses versículos ab-rogaram aqueles, e estes foram ab-rogados por aqueles. Além disso, o princípio do ab-rogador e do ab-rogado encontra fundamento no versículo 106 da sura da Vaca (2): «Qualquer versículo que ab-roguemos ou façamos esquecer, faremos chegar um melhor ou igual a ele. Não sabes que Allah, sobre todas as coisas, é Onipotente?».

26. Mas isso se deve ao fato de que não há consenso sobre a sequência exata das suras?

Os estudiosos muçulmanos são unânimes em distinguir as suras do período de Meca (610-622) das do período de Medina (622-632). No interior dessas duas épocas, porém, não conseguiram estabelecer com unanimidade a ordem exata de sucessão das suras. Os orientalistas, por sua vez, tentaram dividir o período de Meca em três etapas, e em geral definir majoritariamente a ordem de ocorrência, marcando algumas datas.

No Egito, por exemplo, é muito difundida a opinião segundo a qual o chamado versículo da Espada (*ayat al-sayf*) ab-rogou «mais de cem versículos», um modo de dizer que se refere a todos aqueles «pacíficos». O versículo recita: «E matai-os, onde quer que os acheis» (Vaca II, 191). O problema é que, qualquer que seja sua posição, os muçulmanos nunca admitiriam que algum versículo corânico não tivesse valor hoje. Por isso os ulemás são obrigados a dizer que não se deve ficar do lado de quem adota como normativo o versículo da Espada, mesmo que não se possa condená-lo. Desse modo, há no Alcorão duas escolhas distintas, uma agressiva e outra pacífica, ambas aceitáveis. Seria necessário que uma autoridade, unanimemente reconhecida pelos muçulmanos, dissesse: de agora em diante, apenas estes versículos têm valor. Mas isso não acontece.

Isso significa que, quando alguns fanáticos assassinam crianças, mulheres e homens em nome do Islã puro e autêntico, ou então do Alcorão e da tradição maometana, ninguém pode dizer: «Vocês não são verdadeiros e autênticos muçulmanos». No máximo pode-se afirmar: «Sua leitura do Islã não é a nossa». E esta é a ambiguidade do Islã, desde seu nascimento até hoje: que a violência faz parte dele, mas se permite também escolher a tolerância; que a tolerância faz parte dele, mas se permite também escolher a violência.

27. Para contestar aqueles que levantam a impropriedade da jihad, os muçulmanos dizem que os cristãos fizeram pior, aludindo às Cruzadas ou à época do colonialismo.

Esse é um debate que deixarei a cargo dos historiadores, apontando apenas a diferença essencial de que os cruzados ou os cristãos que fizeram guerra não disseram que seus propósitos se baseavam no Evangelho: fizeram-na, ao contrário, em nome da defesa de seu Estado nacional ou também daquilo que consideravam como seus próprios direitos. Enfim, como homens pertencentes a uma cultura, a uma nação, a uma tradição, e não em nome do Evangelho. Não nos esqueçamos de que a ideia das Cruzadas foi uma reação às perseguições empreendidas pelo califa fatímida al-Hakim bi-Amr Allah (996-1021) contra os cristãos do Egito e da Síria (que então compreendia também a Terra Santa). No ano de 1008, al-Hakim aboliu a festividade das Palmas. Em 1009, «ordenou punir exclusivamente aqueles dentre eles [sectários] que eram cristãos, fazendo-os aprender muito pelas mãos e tomando cada bem seu»[14]. Em março de 1009, «expediu uma carta a Damasco na qual se dispunha a demolir a igreja católica dedicada à Virgem, imponente e bela igreja na verdade!, que foi de fato derrubada no mês de *rajab* desse mesmo ano»[15]. Em 13 de agosto de 1009, um domingo, «mandou destruir a igreja dedicada a Maria em el-Qantarah, no Velho Cairo. Depois de ter feito demolir até suas bases, saqueou seus móveis e as ruínas. Nos arredores da igreja havia inúmeras tumbas e sepulcros cristãos. Depois de ter aberto todos, os negros, os escravos e a plebe exumaram os cadáveres sepultados ali e espalharam os ossos, enquanto os cães devoravam as carnes daqueles que haviam sido enterrados recentemente. Nos arredores da igreja mencionada havia uma propriedade dos jacobitas [isto é, dos coptas], dedicada a São Cosme. Eles se apropriaram também dela, reduzindo-a a um monte de escombros»[16].

---

(14) Yahya al-Antaki, *Cronache dell'Egitto fatimide e dell'impero bizantino (937-1033)*, org. Bartolomeo Pirone, coleção «Patrimonio Culturale Arabo Cristiano», dirigida por Samir Khalil Samir, n. 3, Jaca Book, Milão, 1998, págs. 246 e segs (seção 12:109.113).

(15) *Idem*, pág. 248 (seção 12:116).

(16) *Idem*, págs. 248 e segs. (seção 12:118-120).

Porém, o episódio mais grave que provocou a reação da cristandade foi a destruição da Basílica da Ressurreição de Jerusalém (chamada no Ocidente de Santo Sepulcro), iniciada em 28 de setembro de 1009. Al-Hakim ordenou «fazer desaparecer qualquer símbolo [de fé cristã] e destruir cada relíquia que fosse objeto de veneração»[17]. «A basílica foi derrubada de cima a baixo, com exceção daquilo que era impossível destruir e difícil de transportar. Foram então demolidos o espaço chamado Crânio, a igreja de São Constantino, além de todos os outros edifícios compreendidos em seu perímetro, enquanto as relíquias sagradas eram jogadas fora. Ibn Abi Zahir procurou de todas as maneiras remover o Santo Sepulcro e fazer desaparecer qualquer traço dele, conseguindo quebrar tudo ou remover grande parte»[18]. Seria possível continuar assim indefinidamente, recordando destruições de igrejas e outras calamidades contra os cristãos.

Portanto, embora a primeira Cruzada tenha sido lançada pelo papa, não se pode realmente dizer que fosse uma solicitação ou uma consequência do Evangelho. Naquela época, o papa representava a autoridade e decidia também sobre questões políticas e militares. E essa é uma grande diferença.

Isso também é demonstrado pelo fato de que as Cruzadas não eram consideradas guerras de religião, dado que os próprios historiadores árabes da época, e em particular os muçulmanos, nunca lhes chamaram «cruzadas», como se faz hoje à imitação do Ocidente. A nova denominação árabe de *al-hurub al-salibiyya*, «as guerras daqueles que portam

---

(17) *Idem*, pág. 249 (seção 12:122).
(18) *Idem*, págs. 249 e segs (seção 12:122-123).

a cruz», surge apenas no século XVIII, enquanto antes se utilizava aquela de *huruh al-Faranj*, «guerras dos francos», que compreende os ocidentais em geral.

Os historiadores árabes às vezes explicitavam a nacionalidade desses francos, falando de alemães, húngaros ou amalfitanos. Todos esses grupos eram, portanto, vistos pelos árabes como nações e povos que chegaram ao Oriente para invadir sua terra. Sem contar que, durante as Cruzadas, encontramos frequentemente príncipes muçulmanos fazendo alianças com duques francos para combater outros príncipes muçulmanos e duques francos, como em toda guerra de interesses típica.

Voltando à *jihad*, não podemos considerar a interpretação «bélica» como uma instrumentalização do Islã. Quando muito, podemos dizer que ela é feita apenas por alguns muçulmanos, sem negar sua autenticidade. Autêntica, enfim, mas não exclusiva.

28. Não faltam efetivamente exemplos em que os exércitos muçulmanos se comportaram de maneira pacífica na conquista de algumas cidades. Basta pensar em particular na tomada de Jerusalém no ano 636...

Mas esse é um outro problema. Quando os exércitos muçulmanos deram início à conquista do Oriente Médio e de vastas áreas da Ásia e da África, deviam primeiro assegurar o controle das terras conquistadas, e só depois pensar em converter suas populações. Ora, nem sempre essas conversões eram forçadas e imediatas, segundo o famoso ditado árabe *aslim, taslam!*, «abraça o Islã e tua vida será salva!».

A lei muçulmana é clara quanto a isso. Na prática, o muçulmano tem o dever de anunciar ao inimigo sua intenção de declarar guerra. Se o inimigo se recusa a submeter-

-se, a guerra é inevitável e o muçulmano tem o direito de matá-lo porque não se rendeu quando foi avisado. Se, ao contrário, o outro demonstra disposição em render-se, o muçulmano não tem o direito de matá-lo, mas apenas de ocupar sua terra. No primeiro caso, o não muçulmano tem a vida salva apenas se se tornar muçulmano, pois foi vencido pela força. No segundo, não há essa obrigatoriedade. Essas são as regras da guerra no Islã.

A coação existe, em teoria, apenas quando alguém se recusa a se render à supremacia política dos muçulmanos. Contudo, a história demonstra que onde não havia, no início, essa coação, o resultado foi idêntico. A ocupação do Egito, por exemplo, ocorreu de maneira pacífica, no sentido de que os egípcios sucumbiram aceitando pagar aos muçulmanos a taxa per capita, a *jizya*, e a taxa sobre o terreno, o *kharaj*.

Esses impostos, cada vez mais onerosos, fizeram com que muitos egípcios cristãos se convertessem ao Islã. E o mesmo vale para muitos outros países do Oriente Médio. Portanto, se for verdade que na maior parte dos casos os muçulmanos não obrigaram pela força as populações a se converter ao Islã, as pressões contínuas, tanto econômicas como sociais, levaram a maioria dessas populações a se tornar muçulmanas para fugir dos impostos com os quais os muçulmanos alimentavam novas guerras e conquistas.

29. Há um aspecto particularmente inquietante da relação entre Islã e violência, que os recentes acontecimentos nos mostraram com vivacidade: é o dos chamados camicases, que se tornam protagonistas de atentados terroristas contra os «inimigos do Islã». O fato mais impressionante foi o ataque suicida às Torres Gêmeas de Nova York em 11 de setembro de 2001, mas inúmeros episódios foram verificados ao longo destes anos, em particular em Israel, por pessoas que se autodefinem «mártires do Islã». É válido teorizar o suicídio em nome do Islã? E é correto, do ponto de vista muçulmano, usar a denominação de «mártir» para quem se torna protagonista de gestos como esses?

No Alcorão se alude uma única vez ao suicídio, na sura das Mulheres (4), 29: «Ó vós que credes! Não devoreis, ilicitamente, vossas riquezas entre vós, mas é lícito existir comércio de comum acordo entre vós. E não vos mateis. Por certo, Allah, para convosco, é Misericordiador». A essa única referência corânica se acrescenta uma série de *hadith*: conheço pelo menos sete e todos condenam o suicídio. Um deles diz que o profeta se recusou a pregar sobre o corpo de um suicida; em outro se prescreve que o cadáver de um suicida seja queimado até que restem apenas cinzas, coisa abominável na mentalidade muçulmana. Definitivamente, o suicídio não encontra nenhuma justificativa na tradição islâmica. Mas o problema apareceu com força em tempos recentes, depois de vários episódios mostrando terroristas que escolheram morrer infligindo a morte a outras pessoas, e declararam fazê-lo por uma «causa islâmica».

É interessante relembrar alguns dos pronunciamentos a esse respeito e que mostram a importância assumida pelo debate no mundo islâmico. O xeique Muhammad Tantawi, reitor da Universidade de al-Azhar e considerado uma das maiores autoridades do mundo sunita, em uma *fatwa* pronunciada em 2 de dezembro de 2001, reafirmou que o suicídio é condenável em qualquer situação. Mas poucos dias depois um outro famoso xeique egípcio, Yusuf al-Qaradawi, acusou-o de fazer considerações abstratas, apontando sua incapacidade de aplicar normas clássicas

II. O ISLÃ PODE MUDAR? 65

a uma situação histórica como a atual, quando o Islã se vê ameaçado em várias partes do mundo. De acordo com Qaradawi, «ninguém pode afirmar que seja ilegítimo lutar com qualquer meio contra a ocupação (israelita)», e que «a *jihad* sob a via de Deus e a defesa da terra, da pátria e das coisas sagradas é hoje uma obrigação para todos os muçulmanos, mais que em qualquer outra época do passado [...], na Palestina, na Caxemira e em outras zonas conflituosas do mundo».

Esse «divérbio teológico» foi seguido por um importante pronunciamento contra a legitimidade do suicídio feito pelo decano da faculdade da Charia da Universidade do Kuwait, Mohammed Tabatabai. Em um intervalo de poucos dias, o chefe dos ulemás xiitas do Líbano, o xeique Habib Nabulsi, legitimou as façanhas dos camicases declarando textualmente que a *fatwa* emitida por Tantawi «não tem nenhum significado e nenhuma legitimidade na jurisprudência islâmica porque não faz referência ao direito, e sim à política (ou seja, à posição do governo egípcio, ao qual Tantawi estaria submetido), e porque seus objetivos são opostos aos da *umma*», portanto contrários aos verdadeiros interesses dos muçulmanos.

Na mesma linha se apresenta o comunicado emitido no final do colóquio que ocorreu em Beirute em janeiro de 2002 e do qual participaram outros duzentos ulemás sunitas e xiitas provenientes de 35 países: «As ações de martírio dos *mujahidin* são legítimas e têm fundamento no Alcorão e na tradição do profeta. Representam o martírio mais sublime, pois os *mujahidin* o executam com total consciência e livre vontade». No documento, os ulemás afirmam falar «do alto de suas responsabilidades religiosas, e em nome de todos os povos, ritos e países da nação islâmica» para dar recomendações sobre a causa palestina[19]. Em sua opinião, não se deve considerar o atentado como gesto em si, mas com base no objetivo pelo qual é executado, que pode ser colocado na categoria de *jihad*, pois o que se deseja é proteger ou libertar um território muçulmano em perigo.

Além disso, essa visão não se limita à legitimidade das ações efetuadas pelos camicases, mas aparece também no campo da educação: refiro-me, por exemplo, a muitos livros que circulam nas escolas da Palestina e nos quais se ensina aos jovens a obrigatoriedade da *jihad* em todas as suas formas e se legitimam os feitos daqueles que são chamados «mártires do Islã», explicando que não são considerados suicidas mas heróis, e que irão para o Paraíso pois fizeram verdadeira *jihad*. Em suma, não se comportaram de modo diferente do que diz o Alcorão, mas se sacrificaram pela causa islâmica. É um outro exemplo da ambiguidade profunda na qual ainda hoje o mundo islâmico está mergulhado, que não consegue distinguir a fé da política.

30. Do início do século XX até hoje, os fiéis de Allah no mundo inteiro passaram de 150 milhões a 1,2 bilhão. O cristianismo ainda é a primeira religião do planeta, com mais de 2 bilhões de fiéis, mas os muçulmanos constituem a primeira confissão de fé, considerando que dentro do cristianismo os católicos são «apenas» 1,1 bilhão. Entre as grandes religiões, o Islã é a que se caracteriza pelos ritmos de expansão mais altos: cresce a uma velocidade que, pelo número de fiéis, é 21,5 vezes superior àquela em que se expande o cristianismo. Quais são as principais razões desse fenômeno?

---

(19) Cf. Camille Eid, «Gli ulema di 35 Paesi: legittimi i kamikaze», *Avvenire*, 31.01.2002.

Deve-se levar em conta vários fatores. Em primeiro lugar, é necessário considerar a alta taxa de aumento demográfico, que nos países islâmicos é muito superior à dos países de cultura cristã: é verdade que também ali os demógrafos evidenciaram uma progressiva queda das taxas de natalidade, mas os efeitos serão visíveis apenas daqui a algumas décadas.

Um outro fator importante é a atividade missionária, a chamada *dawa*, a tarefa dada a cada muçulmano de apresentar o Islá aos irmãos de fé e a todo o mundo, uma tarefa assumida em particular pelo pessoal religioso que se dedica a isso com muito empenho, mas também por muitos fiéis zelosos, e que «gera» inúmeras conversões em várias partes do mundo, inclusive nos países ocidentais.

Calcula-se que na África, o continente muçulmano por excelência (41,5% da população), para cada pessoa que se converte ao cristianismo, sete se convertem ao Islá. Há sobretudo três motivos principais para a difusão do Islá na África: a primeira é um lugar-comum, as chamadas «falhas» da colonização. Geralmente se diz: «O cristianismo é a religião dos brancos e é corresponsável pela colonização e pela dependência em que se encontram esses países, e o Islá é a verdadeira religião da África». Esse é um argumento repetido pelas pessoas comuns, mas historicamente tendencioso, pois os primeiros colonizadores da África foram os muçulmanos, os primeiros escravistas foram os muçulmanos, e isso ocorreu séculos antes da colonização e da escravidão de matriz europeia. O segundo argumento se baseia no fato de que os costumes muçulmanos são mais próximos aos costumes naturais africanos, em particular a poligamia e a submissão da mulher e uma concepção da família de tipo patriarcal; portanto, o africano médio percebe que terá de fazer menos esforços para ser acolhido na comunidade religiosa islâmica, enquanto a Igreja Católica, por exemplo, é muito mais exigente: propõe um longo catecumenato que pode durar anos antes de que se tenha acesso ao batismo.

Há um terceiro motivo da expansão islâmica que na realidade não diz respeito apenas à África: refiro-me aos maciços financiamentos de alguns países (Arábia Saudita, alguns Emirados, Líbia) em favor de iniciativas de tipo assistencial, social, sanitário ou cultural que constituem indubitavelmente um polo de atração para o Islã: construção de mesquitas, centros islâmicos, escolas corânicas, estações de rádio e TV, envio de pessoal religioso, abertura de postos de saúde, hospitais, etc. De tudo isso se fala e se conhece pouco na Europa, mesmo porque a África raramente é notícia em seus jornais, mas a propaganda islâmica é muito forte e, no decorrer de poucas décadas, se a tendência permanecer como a atual, aquele que ainda não for muçulmano na África certamente se tornará[20].

Mas o crescimento numérico também é facilitado pelas discriminações operadas em nível jurídico, econômico ou social, como testemunha a emigração de milhares de cristãos (ou mesmo de não muçulmanos) de certos países islâmicos; ou pelas modificações de tipo institucional, como ocorreu recentemente com a inserção da charia no código penal de alguns estados da federação nigeriana, que provocou vibrantes, porém ignorados, protestos de bispos locais e violentos confrontos nos quais foram mortas milhares de pessoas.

---

(20) Cf. os três suplementos de *Asia News* sobre *dawa* nos vários continentes, de Camille Eid e Carlo Broli, publicada pela editora Pime, Milão, 1999-2000.

É claro que se deve considerar também uma motivação de caráter predominantemente religioso-espiritual que está na origem de muitas conversões registradas no Ocidente e em particular na Europa, ligada à busca de certezas e também de ineditismo e que vê no Islã (bem como em algumas religiões ou tendências místicas orientais) uma resposta fascinante à busca pelo sagrado que não é mais satisfeita por um certo modo «frouxo» e moralista de viver e propor o cristianismo, típico da cristandade ocidental.

Tradição e modernidade

31. A relação entre Islã e modernidade é historicamente definida por incompreensões, desconfianças e hostilidades. Há quem sustente que Islã e modernidade se movem de acordo com duas lógicas incompatíveis, e em particular que a modernidade é vista no mundo muçulmano como algo tipicamente ocidental que atenta contra a integridade da tradição. Quais são as razões históricas dessa hostilidade? E quais as condições para que as sociedades muçulmanas se abram aos estímulos da secularização e da modernidade sem renunciar aos fundamentos de sua identidade?

Para entender as dinâmicas atuais da relação entre mundo islâmico, modernidade e Ocidente pode-se partir de um momento da história no qual os dois mundos fazem contato depois de uma longa separação: é a passagem entre o século XVIII e o XIX, mais precisamente a campanha de Napoleão Bonaparte no Egito (1798-1801), no decorrer da qual os egípcios descobrem os sinais da modernidade e da civilização europeia através do trabalho efetuado por cientistas e técnicos que Bonaparte levara com ele: engenheiros, matemáticos, arqueólogos, astrônomos, artistas, economistas, tipógrafos, farmacêuticos e cirurgiões.

Durante aquele breve período, vem à luz o primeiro livro impresso no Egito, *Exercícios de árabe literário, tirados do Alcorão para o uso de todos que estudam esta língua*, realizado graças aos caracteres arábicos da tipografia da *Propaganda Fide* de Roma. Foram feitos estudos para a melhor utilização das águas do Nilo, para a construção de um canal de ligação entre o mar Vermelho e o Mediterrâneo, um esboço daquele que viria a ser o canal de Suez, como também para reformar o sistema fiscal e melhorar o sistema de instrução pública. A inauguração do Instituto do Egito permite reunir em uma única sede os melhores recursos intelectuais e científicos para administrar o país e construir as bases do futuro desenvolvimento. Os resultados de todo esse trabalho são narrados naquele que foi definido um monumento de doutrina coletiva, a *Description de l'Égypte*, dez volumes de texto e catorze de tabelas, publicados entre 1809 e 1828.

Depois da partida das tropas francesas do Egito, o governador Muhammad Ali, considerado o fundador do Egito moderno, decide continuar no mesmo caminho e envia à Europa homens de cultura egípcia para se especializarem em várias disciplinas, e, na volta, traduzir em árabe aquilo que tivessem aprendido, contribuindo assim para a modernização da administração, da economia e da sociedade.

São as premissas daquilo que será chamado *Nahda*, o renascimento árabe-muçulmano, que começa na segunda metade do século XIX, prolonga-se até a Primeira Guerra Mundial e tem como cerne o Egito. Há três fatos emblemáticos desse processo, todos em terras egípcias: a partir de 1860, constrói-se a primeira linha ferroviária do Oriente Próximo, abre-se uma universidade organizada segundo os cânones modernos e, em 1870, se inaugura a Ópera do Cairo com a *Aida* de Verdi.

Realiza-se assim um encontro do mundo árabe muçulmano com o Ocidente que é fascinante e ao mesmo tempo traumático. Fascinante pois o contato com as realizações no campo científico, tecnológico e militar as revelam decididamente superiores àquelas que a civilização islâmica era capaz de produzir. Traumático porque o mundo árabe muçulmano permanece ancorado à imagem de sua glória passada, e é como se esse encontro o levasse a acordar bruscamente e a descobrir uma realidade chocante.

32. Uma situação que pode ser resumida com esta pergunta: como é possível que a comunidade muçulmana, aquela que o Alcorão define como a melhor do mundo, possa estar em situação de atraso com relação ao Ocidente, e quais são as causas desse atraso cultural, científico e tecnológico?

Para essas perguntas existem várias respostas. Os chamados reformistas muçulmanos, a partir do fim do século XVIII, atribuem o progresso do mundo ocidental com relação ao islâmico à capacidade de ter desenvolvido simultaneamente a ciência e um sistema democrático. Porém, sustentam os reformistas, esses dois aspectos são tipicamente muçulmanos: o Alcorão sempre favoreceu a ciência, há até uma expressão que afirma: «Buscai a ciência, mesmo se estiver na China». Igualmente, a tradição muçulmana sempre teve aquilo que se chama a *shura*, ou seja, o «Conselho» (a consulta e a decisão juntas). Portanto, concluem, a democracia também é um elemento que pertence ao Islã.

É através desses argumentos que os reformistas (recordo, entre outros, Gamal al-Din al-Afghani, conhecido em todo o mundo islâmico; o argelino Ibn Badis; o egípcio Muhammad Abduh; o sírio Abd al-Rahman al-Kawakibi; e o indiano Muhammad Iqbal) são levados a assimilar certos aspectos do mundo ocidental, a integrá-los na tradição e a promover sua tradução em medidas legislativas.

Por exemplo, no início do século XIX alguns Estados do Oriente Médio se inspiraram, na elaboração de suas constituições, no código napoleônico e na Constituição suíça, adaptando-os ao contexto muçulmano. E é justamente essa a grandeza do movimento reformista que se desenvolve naquele período: a capacidade de assimilar a cultura e a civilização ocidental conciliando-a com a tradição islâmica.

Mas os anos seguintes à Primeira Guerra Mundial representam um ponto de ruptura desse processo: cai o Império Otomano, o último grande domínio islâmico da história, e seu território é pulverizado, em parte dividido entre a Inglaterra e a França, em parte herdado por Estados independentes. Nasce em 1923 uma Turquia republicana sobre bases laicas, fato escandaloso na concepção clássica muçulmana, e em 1924 Mustafá Kemal, o futuro Atatürk[21], decreta a queda do califado, única autoridade reconhecida por toda a comunidade islâmica. Na realidade, do ponto de vista político, o califado não tinha mais um peso real, mas continuava a se revestir de um forte significado simbólico e

---

(21) É em 1934 que a Assembleia Nacional turca lhe confere esse título, que significa «pai dos turcos».

psicológico, e seu fim evidencia a crise de um sistema e de uma visão da realidade.

33. E o que ocorre naqueles anos, no período entre as duas guerras mundiais, em nível da visão do Islã com relação à modernidade?

É como se o processo de revisitação iniciado no começo do século chegasse a ser concretizado, mas ao mesmo tempo mudasse de direção. Deseja-se criar um novo mundo islâmico, livre de qualquer influência do Ocidente, um sistema muçulmano *sui generis*. Rashid Rida (1865-1935), por exemplo, discípulo do grande reformador egípcio Muhammad Abduh (1849-1905) mencionado antes, reúne a mensagem e os escritos de seu mestre e, nos anos 1920, os publica em oito grandes volumes sob a forma de um comentário ao Alcorão intitulado *Tafsir al-Manar* (ou seja, «A interpretação do farol», do nome da revista *al-Manar* fundada por ele). Ao fazê-lo, porém, revoluciona a perspectiva original: cita continuamente as declarações de Abduh (chamando-o sempre *al-ustadh al-iman*, «o mestre-imã»), mas na maioria das vezes as enriquece com um comentário caracterizado por uma tendência integralista.

Posteriormente, em 1928, um de seus discípulos, Hassan al-Banna (1906-1945), funda no Egito o movimento da Irmandade Muçulmana (*al-Ikhwan al-Muslimun*), do qual descenderão todos os movimentos radicais. Ele percorre o território egípcio difundindo a ideia da necessidade de realizar uma sociedade com base no Alcorão, transformando-a em comunidade política. Trocando em miúdos, sua mensagem poderia ser formulada assim: nunca poderemos combater o Ocidente se procuramos imitá-lo; devemos portanto criar um projeto muçulmano por meio do retorno a uma interpretação rigorosamente literal do Alcorão. Sua visão se resume nestas frases: «O Alcorão é nosso sabre e o martírio é nosso desejo. O Islã é fé e culto, religião e Estado, Livro e espada. Como religião universal, o Islã é religião adequada a qualquer povo e a qualquer época da história humana». O lema da Irmandade Muçulmana, até hoje, é: «O Islã é a solução».

Seu principal discípulo é Sayyid Qutb[22], que enriquece essa visão por meio de um comentário ao Alcorão intitulado *Fi zilal al-Quran*, ou seja, «À sombra do Alcorão», e em seu livro *Macalim fi al-tariq*, isto é, «Os marcos»: visto que a sociedade na qual vivemos é violenta e não se pode islamizá-la de modo pacífico, é lícito recorrer à violência. Sua permanência nos Estados Unidos (de novembro de 1948 a agosto de 1950) o convence ainda mais de que apenas o Islã autêntico pode salvar a humanidade do materialismo e do paganismo. É Qutb quem cria o conceito de *jahiliyya*, a ignorância pagã, para definir as sociedades modernas não islâmicas. E, assim como Maomé tinha combatido em seu tempo a *jahiliyya* pré-islâmica, praticando a *jihad* e recorrendo à guerra, também Sayyid Qutb recomenda fazer o mesmo em relação aos regimes muçulmanos que «traíram» a causa islâmica. Isso explica por que os governos dos países muçulmanos procuraram eliminar os chefes do movimento, considerando-os subversivos em relação à ordem constituída. Ele complementa a visão de Hassan al-Banna acrescentando: «O Islã é chamado por necessidade ao combate, caso deseje assumir o comando e a guia do gênero humano.

---

(22) Nascido em 1908, foi enforcado em 29 de agosto de 1966 por Nasser. Sobre a obra de Qutb, ver a monografia de Olivier Carré, *Mystique et politique, lecture révolutionnaire du Coran par Sayyid Qutb, Frère musulman radical*, Cerf, Paris, 1984.

Ser muçulmano significa ser um guerreiro, uma comunidade de fiéis constantemente armada. Os combatentes que caem em batalha são mártires da fé porque colocaram em prática a Lei de Deus. O combate por Deus não tem outro objetivo que o próprio Deus, impor a ordem divina no mundo terreno. Por isso os mártires da fé não morrem verdadeiramente, continuam a viver, mudam apenas a forma de vida, como Jesus, filho de Maria, que definitivamente não morreu sob a cruz».

34. Nos anos 1980 houve a época do khomeinismo e da revolução iraniana, que parecia ter satisfeito as esperanças dos radicais de regresso a um Islã considerado mais autêntico.

A revolução no Irã com a conquista, em 1979, do poder por Khomeini realmente representa, para as tendências fundamentalistas islâmicas, a possibilidade de transformar em realidade política o sonho de chegar a uma sociedade fundada em bases autenticamente muçulmanas. Mesmo aqueles que não estavam de acordo com as reais aplicações do sonho khomeinista continuam ainda hoje acreditando naquele sonho. E é essa convicção que continua a alimentar ainda hoje o fundamentalismo islâmico[23].

Isso tem uma abrangência internacional, mas assumiu conotações muito diversas. A corrente moderada, por exemplo, sustenta que o Alcorão deve ser o fundamento da sociedade muçulmana, mas em uma versão moderna, não rigorosa.

Uma outra tendência propõe considerar a charia (ou

---

(23) A palavra «fundamentalismo» nasceu na esfera protestante, mas depois foi adotada pelo mundo islâmico, que fala em árabe de *usuliyya* para o fundamentalismo e de *usuliyyun* para os fundamentalistas.

seja, a lei islâmica elaborada no século X por grandes juristas muçulmanos) como base da Constitulção e da lei. Uma terceira corrente, que representa o Islã mais radical, vai mais longe, afirmando que a lei corânica deve ser imposta de qualquer maneira, mesmo recorrendo à violência. Para isso são treinados militantes em vários países, que contribuem depois para difundir essas teorias revolucionárias. A essa terceira tendência pertencem as formações que estudam e praticam o terrorismo, como o GIA argelino, responsável por atentados e massacres de civis, e o grupo de Abu Sayyaf, que age no sul das Filipinas (Mindanao). No Egito, essa tendência é representada pelo grupo Tanzim al-Jihad, responsável entre outras ações pelo assassinato do presidente Sadat em 6 de outubro de 1981, e pelo Takfir wal-Hijra, «Anátema e Exílio», fundado pelo cirurgião egípcio Ayman al-Zawahiri, que se tornou depois um íntimo colaborador de Bin Laden e de sua organização Al-Qaeda.

Os fundamentalistas não rejeitam a modernidade, como as pessoas erroneamente pensam; ao contrário, estão prontos a usar todas as técnicas mais modernas para difundir suas ideias, mas não possuem as bases culturais. É como se usassem os frutos de uma planta sem entender como se deve semeá-la: recusam-se a percorrer o árduo caminho que levou a certos resultados, o que implicaria também uma mudança de mentalidade, uma visão diferente do mundo, um uso da razão e das metodologias modernas de análise da realidade que não pode ser deduzido do Alcorão e da charia, e continuam substancialmente a manter a sobreposição entre religião, sociedade e política.

Dentro da palavra «modernidade» os radicais leem secularização, ateísmo, imoralidade, paganismo, Ociden-

II. O ISLÃ PODE MUDAR?

te inimigo, etc. Portanto, aderir à modernidade significa para eles pôr em risco ou perder a identidade muçulmana.

Enfim, o problema permanece sempre o mesmo: como manter a própria identidade aceitando o mundo moderno e agindo nele com senso crítico, como harmonizar Islã e modernidade.

35. *No entanto, sobretudo nas últimas décadas, multiplicaram-se as defesas do liberalismo por parte de intelectuais que procuram conciliar a fidelidade ao Alcorão e aos princípios fundamentais do Islã com o desenvolvimento histórico, o cruzamento da tradição com a modernidade. Quais são as possibilidades de que essas posições mais esclarecidas se desenvolvam? E quais suas reais consequências para as sociedades dos vários países islâmicos?*

Também nesse caso há uma premissa histórico-teológica da qual partir. Para os muçulmanos, o Alcorão não é obra de Maomé, mas do próprio Deus, portanto é algo atemporal, não confinável ao século VII, é a palavra divina, que se conserva imutável no tempo. Os ortodoxos (e os fundamentalistas com particular ênfase) afirmam que cada versículo corânico tem valor absoluto, ou seja, vale em qualquer época e para qualquer muçulmano, independentemente do contexto, enquanto os liberais propõem uma leitura e uma interpretação contextualizadas, inseparáveis do lugar e do tempo, e portanto sublinham a necessidade de um trabalho de adaptação da letra à história, à atualidade e, em última análise, também à modernidade. Uma modernidade, é claro, que não se torne sinônimo de ateísmo, imoralidade, negação da dimensão religiosa da vida, como frequentemente ocorre no Ocidente.

E é isso que torna difícil o trabalho das correntes liberais nos respectivos países: se a modernidade equivale à negação da religião, e se essa é a mensagem que a Europa e o Ocidente passam, será difícil que as posições mais esclarecidas possam prevalecer nos países islâmicos. Os governos, mesmo aqueles que parecem mais abertos, deixam prevalecer as tendências radicais por medo de perder o consenso das massas muçulmanas. E as posições *liberais*, que se desenvolvem em vários países, permanecem restritas a alguns círculos, não chegam a «penetrar» nas classes populares e, em geral, não se tornam um pensamento difundido.

III. O desafio dos direitos

Charia e direitos humanos

36. Qual é o fundamento dos direitos humanos na concepção islâmica?

A fonte de todos os direitos é Deus. Para reconhecê-los ao homem, Deus exige primeiro a satisfação de «seu» direito: a total obediência à vontade divina em relação ao homem, que se exprime no Alcorão e na suna. Dessas duas fontes principais deriva a charia, a lei islâmica que, sendo legitimada pela revelação, é superior a qualquer outra lei estabelecida por iniciativa humana. Por isso a charia é considerada a perfeita expressão da vontade divina para garantir aos homens um ordenamento justo da sociedade humana.

Portanto, o Islã procede do alto: parte de Deus, como se revelou no Alcorão, e chega ao baixo, ao homem e à sociedade. Assim, se por exemplo o Alcorão estabelece a superioridade do marido à mulher, isso é considerado uma prescrição indiscutível porque é fruto da vontade de Deus. Tudo aquilo que para um ocidental parece contrário aos direitos das mulheres e à igualdade entre os sexos, para os muçulmanos é natural, justo e bom, como aquilo que majoritariamente corresponde à natureza e ao bem do homem e da mulher, pois Deus estabeleceu assim. E é a partir dessa premissa que se construiu um sistema social e jurídico em conformidade a isso.

Na reflexão muçulmana, prevalece o argumento de autoridade («Deus estabeleceu assim») muito mais que o argumento de racionalidade («a razão permite chegar ao conhecimento da lei moral»). A norma corânica vale mais que a realidade dos fatos. Ao longo dos séculos, os apologistas muçulmanos, sempre muito atentos em evidenciar o acordo entre o Islá e a razão, procuraram demonstrar que as afirmações contidas no Alcorão correspondem a tudo que se possa pensar de melhor para o bem do gênero humano.

37. Quais são as características fundamentais da charia?

A charia se baseia em uma tríplice desigualdade: entre homem e mulher, entre muçulmano e não muçulmano e entre homem livre e escravo. Com exceção desta última, que quase não tem mais respaldo na realidade, as outras duas ainda são válidas.

Elas se baseiam na história e na cultura árabe. Em uma sociedade patriarcal como a do século VII, a superioridade do homem era um elemento indiscutível. Por outro lado, da parte muçulmana, deve-se notar que os direitos concedidos à mulher no Islá superam em muito aqueles que vigoravam na época pré-islâmica: a poligamia é admitida, mas se limita a no máximo quatro mulheres, destina-se ao menos uma parte da herança para a mulher, e assim por diante.

Por outro lado, com relação à desigualdade entre muçulmanos e não muçulmanos, o Islã considera os primeiros superiores do ponto de vista ontológico e jurídico, mesmo nas relações com aqueles que chama *dhimmi*, ou seja, «protegidos», um termo que se refere a judeus e cristãos. A tolerância garantida a esses últimos não implica de fato a igualdade com os muçulmanos. Por outro lado, politeístas e ateus não gozam de nenhuma proteção. Entre o mundo islâmico e aquele da «descrença» (chamado *dar al-harb*, «a Casa da Guerra») existe teoricamente um estado de perpétua beligerância.

Com relação à proteção dos *dhimmi*, a charia se baseia nas ordens do Alcorão e também nos pactos feitos pelos muçulmanos com as populações sujeitadas ao longo da conquista do Oriente Médio cristão, a começar pelo pacto estabelecido por Maomé com os jacobitas de Najran em 631 (ano 10 da hégira), que previa o pagamento do tributo por parte desses cristãos iemenitas em troca da manutenção do próprio culto.

38. A Declaração Universal dos Direitos Humanos é considerada um documento de referência em nível internacional. Porém, quando foi promulgada, em 1948, foi muito criticada por vários países islâmicos pois era considerada expressão de uma visão parcial. Por quais razões?

Do lado muçulmano, contesta-se a universalidade de tal declaração[1]. Os direitos enunciados ali seriam na realidade fruto da cultura ocidental e da capacidade política e econô-

---

(1) Subscrita em 10 de dezembro de 1948 por 44 Estados, depois muitos outros aderiram a ela. Por ocasião da Conferência Mundial sobre Direitos Humanos, realizada em Viena em junho de 1993, participaram 171 Estados.

mica que o Ocidente teve de impor na cena internacional como válido para todos. Por esse motivo foi promulgada a «Declaração Universal dos Direitos Humanos no Islã», por ocasião da 19ª Conferência dos 45 ministros do Exterior da Conferência Islâmica (OCI), ocorrida no Cairo em 1990.

Em certo sentido, há motivos para essa reação. A Declaração Universal dos Direitos Humanos é fruto da civilização ocidental, ou seja, da cultura do mundo cristão. Não obstante, penso que ela seja «universal», quer dizer, válida para todos, pois reflete a natureza humana. O fato de que foi o Ocidente que tomou pela primeira vez consciência disso e definiu esses direitos não o torna um documento parcial.

39. Como são enunciados os direitos do homem na Declaração do Cairo?

Antes de tudo, reafirma-se o papel histórico da comunidade muçulmana (*umma*), «a melhor nação que se fez sair, para a humanidade»[2]. Portanto, afirma-se que os direitos do homem estão resumidos na charia, a lei islâmica considerada imutável e definitiva, e que «todos os direitos fundamentais e as liberdades universais fazem parte da religião islâmica». Essa frase é expressão da apologética muçulmana que «recupera» sistematicamente e *a priori* todos os valores existentes.

Mas, se das enunciações gerais passamos a algumas apli-

---

(2) Sura da Família de Imran (3), 110. Para uma análise detalhada dos documentos que expressam esse argumento no mundo islâmico, ver Maurice Borrmans, «Convergenze e divergenze tra la Dichiarazione universale dei diritti dell'uomo e le recenti Dichiarazioni dei diritti dell'uomo nell'islam». *Rivista internazionale dei diritti dell'uomo*. Università Cattolica del Sacro Cuore, Milão, XII, jan.-abr. 1999, págs. 44-60.

III. O DESAFIO DOS DIREITOS 83

cações específicas, encontramos afirmações que parecem ir na direção oposta. Por exemplo, afirma-se que «o pai [*e não a mãe ou ambos*] tem a responsabilidade da educação física, moral e religiosa da prole em conformidade às suas crenças e à sua lei religiosa» (artigo 19).

As omissões também são significativas: «Homens e mulheres têm o direito de se casar, sem que haja alguma restrição no que diz respeito à raça, a cor ou à cidadania»: não se menciona a religião porque a charia proíbe as mulheres muçulmanas de se unir em matrimônio com um não muçulmano.

Uma outra importante omissão diz respeito à liberdade de mudar de religião, solenemente afirmada na Declaração da ONU, mas ignorada no documento islâmico, pois vai contra a charia, que considera a apostasia um crime[3].

O artigo 2 parece admitir a liberdade religiosa: «Ninguém está autorizado a limitar as garantias da liberdade religiosa», mas o texto continua: «a não ser através da autoridade islâmica e em conformidade às disposições estipuladas por ela». E o artigo 10 afirma que «o Islã é a religião natural do homem», portanto se deve deduzir que seria contra a natureza se converter a uma outra fé.

O artigo 10 ainda prevê a instituição de tribunais confessionais para regular as questões jurídicas de judeus e cristãos, como afirmado pela charia quando se refere aos *dhimmi*, os cidadãos «protegidos» pelo Estado islâmico com um estatuto especial.

A primazia da ótica religiosa é confirmada pelos últimos artigos: «Todos os direitos e todas as liberdades das quais fala esse documento são subordinados às disposições

---
(3) Cf. pergunta 58.

da charia» (art. 24) e «a charia islâmica é a única fonte de referência para explicar ou esclarecer cada um dos artigos da presente Declaração» (art. 25). E aparece, no final de muitos capítulos, a expressão restritiva «a menos que a charia disponha em contrário»[4].

Enfim, deve-se notar que a Declaração do Cairo foi elaborada em árabe, com inúmeras referências corânicas e islâmicas, mas também em outras duas versões oficiais, em inglês e francês, nas quais falta grande parte dessas referências e várias expressões foram suavizadas: poderíamos dizer que se trata de duas versões em formato de exportação.

40. Se um país é inteiramente muçulmano, a aplicação da lei corânica é considerada legítima?

Acho que nenhuma lei religiosa deveria se tornar uma lei civil. Seria como se uma sociedade inteiramente cristã fosse governada pelo direito canônico da Igreja.

Embora a população de muitos países muçulmanos pertença à fé islâmica por nascimento, cultura e tradição, cada um deveria ter a possibilidade de se ligar livremente ao Islã, sem nenhuma restrição social ou jurídica. A diferença entre um país como a Itália e um país 100% islâmico é justamente esta: na Itália, se o cidadão não está de acordo com determinada lei, tem a possibilidade de lutar para mudá-la, até mesmo de criar com esse objetivo um movimento político. Ao contrário, em um país que eleva a charia a Constituição do Estado, como a Arábia Saudita ou como era o Afeganis-

---

(4) Ao aderir à Convenção sobre os Direitos da Criança e à Convenção Internacional para a Eliminação de todas as Formas de Discriminação Racial, a Arábia Saudita fez uma ressalva: que as cláusulas dos tratados não fossem contrárias à lei islâmica. Cf. Anistia Internacional, *Arabia Saudita, uno stato di segreta sofferenza*, 2000.

tão do Talibã, são impostas leis iníquas, como as relativas às mulheres, em nome de uma suposta lei preestabelecida por Deus há catorze séculos. Essa é uma forma de violência primordial em relação a cidadãos que, mesmo sendo muçulmanos, pensam de maneira diferente.

A primeira vítima desse sistema é a liberdade de pensamento: em muitos países, para a direção dos órgãos ligados ao controle das publicações, foram nomeados expoentes do Islã integralista que intimidam os escritores indesejáveis e proíbem a publicação de livros e revistas considerados nocivos à fé. Apenas em 1997, por exemplo, uma comissão da Universidade de al-Azhar no Cairo decretou a retirada de circulação de 196 livros. Frequentemente se trata de autores que tentam revisitar a tradição islâmica para lhe dar maior concretude histórica. Pessoalmente experimentei essa censura de al-Azhar em relação a três artigos meus sobre edições críticas de textos árabes medievais que deveriam ser publicados em revistas cristãs no Egito.

41. Qual é a relação existente no Islã entre direitos do indivíduo e comunidade religiosa?

O indivíduo é considerado titular pleno de direitos e deveres apenas quando pertence à comunidade religiosa islâmica. Por isso, quem abandona a comunidade convertendo-se a uma outra religião ou se tornando ateu é considerado um traidor e perde substancialmente seus direitos. No cristianismo, ao contrário, é a pessoa como tal que é depositária dos direitos, e essa concepção é o fundamento da civilização jurídica ocidental, que se expressa na Declaração Universal dos Direitos Humanos.

O Alcorão e a tradição buscam proteger a comunidade islâmica, não o indivíduo. A condenação do apóstata se justifica com este princípio: o bem da comunidade prevalece sobre o bem do indivíduo (nesse caso a liberdade religiosa). Ainda hoje o mundo muçulmano administra a relação com os cristãos através do reconhecimento de sua comunidade: se a comunidade não é reconhecida em nível jurídico, é como se os cristãos não existissem.

42. No mundo muçulmano, ocorre há muito tempo um debate animado por quem solicita uma posição menos ligada às interpretações literais do Alcorão e dos aforismos de Maomé. Quais são as principais manifestações dessa tendência?

Analisando de maneira simplificada uma realidade muito complexa e variada, podemos apontar duas tendências: uma que podemos definir de tipo pragmático, a outra mais decididamente reformista, mesmo no plano teórico.

A primeira é interpretada pela práxis política e jurídica de alguns Estados islâmicos que introduziram inovações com relação ao direito muçulmano clássico, recebendo de maneira «suave» e progressiva alguns aspectos dos direitos humanos dentro das respectivas legislações. O exemplo mais significativo vem da Tunísia, onde se registra a distinção mais marcante em relação à charia em matéria de direito de família. A lei garante a igualdade entre os sexos no casamento e nos direitos sobre a prole – transpondo assim o privilégio reservado ao homem –, a poligamia é considerada crime e o repúdio foi abolido, mas ainda há diferenças nas partilhas de herança entre filhos do sexo masculino e feminino e na possibilidade de contrair matrimônio entre uma muçulmana e um não muçulmano: uma circular ministerial proíbe os oficiais do estado civil de celebrá-lo.

Mais limitadas, porém também significativas são algumas reformas introduzidas no Marrocos e na Argélia: a cláusula de monogamia, por exemplo, é admitida no matrimônio, e se reconhece à mulher o direito de pedir o divórcio se ela foi traída, e para o repúdio é necessária uma sentença do tribunal, negando validez ao que foi pronunciado de forma privada diante de testemunhas. A tendência pragmática tem o mérito de ter levado a uma pequena, mas progressiva modernização do direito, embora seja difícil afrontar o principal desafio cultural: o de uma nova e moderna interpretação do Islã, do direito muçulmano e de seus fundamentos.

É justamente esse o desafio lançado pela segunda tendência, a reformista, animada sobretudo por alguns intelectuais. Emblemática a esse propósito é a posição do tunisiano Mohamed Talbi, cujo objeto de reflexão é a liberdade de consciência: partindo de uma leitura não mais literal e fossilizada, mas «finalista» do Alcorão – ou seja, capaz de lê-lo dentro do contexto histórico no qual foi revelado e de captar-lhe as reais intenções de acordo com esse contexto –, Talbi conclui que a liberdade de consciência é um direito constitutivo e inalienável da dignidade do homem, a «mãe» de todas as outras liberdades. Esta é apresentada como o elemento fundamental da visão antropológica proposta pelo Alcorão, sem a qual não pode existir um autêntico ato de fé. E seriam justamente as limitações impostas ao longo dos séculos às liberdades fundamentais a causa principal do declínio histórico e das dificuldades atuais em que se encontram as sociedades muçulmanas. Daí decorre o apelo de Talbi, ao aceitar o pluralismo que, a seu ver, não é estranho, mas combina com o espírito mais autêntico do Islã[5].

---

(5) Um exame exaustivo das posições de Talbi pode ser visto em seu livro *Le vie del dialogo nell'islam*, Fondazione Giovanni Agnelli, Turim, 1999.

De maneira semelhante se comportam outros intelectuais esclarecidos, que a opinião pública e os meios de comunicação ignoram ou citam de maneira muito superficial, quando na verdade deveriam ser encorajados em sua difícil obra de modernização. Por isso, fez muito bem a Fundação Agnelli de Turim ao conferir a um homem como Talbi a primeira edição do «Prêmio Senator Giovanni Agnelli para o diálogo entre os universos culturais» (1997).

Um outro exemplo significativo é o do semiólogo egípcio Nasr Abu Zayd, há vinte anos docente da Universidade do Cairo, que propôs interpretar os textos corânicos com relação ao contexto histórico e linguístico de seu tempo. Segundo Abu Zayd, a mensagem divina é comunicada através do códice linguístico que se utiliza. Não se trata portanto de uma revelação literal, mas de uma inspiração «traduzida» em linguagem humana que pode e deve ser estudada e analisada. Por causa dessas ideias, Abu Zayd foi denunciado e acusado de considerar o Alcorão como um texto histórico e de negar-lhe assim a origem divina. Em junho de 1995 foi condenado por apostasia, e os ulemás da universidade de al-Azhar pediram ao governo egípcio que aplicasse a pena de morte prevista para os apóstatas. Por outro lado, não sendo mais considerado muçulmano, sua mulher perdeu o direito de conviver legalmente com ele. Ambos decidiram, então, partir para a Holanda, onde atualmente Abu Zayd ministra estudos islâmicos na Universidade de Leida[6].

---

(6) Mais tarde, em segredo, o professor Abu Zayd voltou ao Egito, onde faleceu em 2010. (N. do E.)

43. Qual é o verdadeiro impacto que essas posições têm sobre as sociedades muçulmanas e as instituições? Em que medida conseguem penetrar no costume e na mentalidade comum?

Isso é realmente difícil de ser avaliado, mas direi que as tendências em curso podem ser vistas de acordo com duas perspectivas. Em um curto espaço de tempo, deve-se admitir que os apelos dos reformistas têm consequências frequentemente limitadas sobre a formação da mentalidade e a organização social. Mas no médio e longo prazo sua obra é extremamente preciosa, pois propõe um modelo de referência a todos que buscam instrumentos para conciliar o Islã com as tensões e as perguntas que atravessam a evolução social e cultural das sociedades muçulmanas.

Podemos apontar vários recursos que, mesmo de maneira diversa, são valiosos: além do trabalho e dos escritos dos intelectuais reformistas, devemos registrar a significativa difusão, em tempos recentes, de associações que lutam pela defesa e promoção dos direitos humanos nos países muçulmanos e que, apesar das muitas dificuldades, oferecem uma contribuição significativa para um desenvolvimento em sentido pluralista e democrático. No mesmo sentido se movem também os grupos que trabalham para a emancipação das mulheres, um outro componente das sociedades islâmicas que poderia favorecer o processo de modernização. Também a presença de minorias cristãs, onde se permite uma certa liberdade de expressão, resulta em alguns casos em um fator de abertura das sociedades muçulmanas à modernidade, como pode testemunhar a história do Líbano e do Egito. Por fim, devemos recordar a contribuição vinda do tão menosprezado colonialismo e da imigração que, colocando em contato mundos e civilizações distantes, permitiram que muitos muçulmanos conhecessem os modelos jurídicos ocidentais e apreciassem sua validez.

44. *Qual relação ocorre entre lei civil e lei religiosa, entre Estado e religião, tanto no plano dos princípios como nas aplicações práticas?*

O Islã se apresenta desde as origens como um projeto global que inclui todos os aspectos da vida. Diz-se em árabe que isso é *din wa dunya*, ou seja, religião e sociedade, ou *din wa dunya wa dawla*, religião, sociedade e Estado.

Inclui um modo de viver, de se comportar, de conceber o matrimônio, a família, a educação dos filhos, até mesmo a alimentação. Nesse sistema de vida se compreende também o aspecto político: como organizar o Estado, como agir com os outros povos, como se comportar em questões de guerra e de paz, como se relacionar com estrangeiros, etc.

Todos esses aspectos foram codificados a partir do Alcorão e da suna e permaneceram «congelados» nos séculos, substancialmente impermeáveis aos eventos da história e ao impacto com outras realidades socioculturais. O Islã pode ser entendido de outra forma? Nunca será possível distinguir a religião da cultura, da sociedade, da política? Esse é o desafio mais radical que os muçulmanos enfrentam na nossa época, mas aquilo que ocorreu até agora leva a um certo ceticismo sobre a capacidade de «repensar-se», de aceitar um confronto aberto com a história.

Fiz muitas vezes essas perguntas a várias personalidades muçulmanas, até mesmo em países aparentemente seculares como a Tunísia, e todos responderam mais ou menos do mesmo modo: «É possível separar muitas coisas, mas o princípio de que o Islã seja *din wa dunya wa dawla*, religião, sociedade e Estado, é intocável». E é um problema real, apesar de eu acreditar que, mais cedo ou mais tarde, o Islã deverá repensar seus modelos, pois um número cada vez maior de muçulmanos não aceita mais esse modo de pensar. O desconforto é percebido e expresso em várias partes, em particular através de movimentos de cisão das classes cultas e, como vimos, dos intelectuais.

Uma observação final: se a lei religiosa determina a lei civil e administra a vida privada e social de qualquer um que viva em um contexto muçulmano, e se essa perspectiva deve permanecer imutável como ocorre até agora, a convivência com quem não pertence à comunidade islâmica se torna muito difícil. Em um país islâmico o não muçulmano deverá, de fato, submeter-se ao sistema muçulmano ou viver em uma situação de substancial intolerância. Por outro lado, no Ocidente ou nos países não islâmicos, o muçulmano terá dificuldade em se adaptar às leis civis desses países, considerando-as estranhas à sua formação e às regras de sua religião.

Naturalmente, em nível prático, existem milhares de ajustes e, como é da natureza do homem, busca-se conciliar a doutrina com as necessidades ditadas pela realidade. Mas deve-se sublinhar que, enquanto perdurar essa rigidez em nível conceitual, enquanto se considerar intocável o já mencionado princípio de acordo com o qual o Islã é religião, sociedade e Estado, tudo se torna mais difícil.

45. Qual é o nível de aplicação efetiva das normas da charia? Os códigos penais preveem, por exemplo, as punições indicadas na charia?

Poucos países no mundo islâmico, como a Arábia Saudita e o Irã (e o Afeganistão sob o governo do Talibã), pretendem aplicar integralmente as normas da charia. A Arábia não tem nem mesmo uma Constituição e proclama que o Alcorão é *tout court* sua Constituição. A maior parte dos Estados islâmicos, porém, aplica apenas uma parte da charia, frequentemente as normas relativas ao direito de família.

Muitas vezes as Constituições desses países se inspiram nas europeias, adaptadas à situação islâmica. E isso suscitou uma reação dos radicais, ou seja, daqueles que reivindicam a aplicação integral da lei islâmica. No Egito, a Constituição foi modificada duas vezes nos últimos trinta anos com o objetivo de se aproximar mais da charia. Da primeira vez, proclamou-se que «a charia é a fonte principal da Constituição»; da segunda, que é «a fonte única da Constituição». Mas isso não é verdade; se verificarmos sua totalidade, perceberemos que há muitos artigos que se distanciam disso.

Os cristãos, por exemplo, prestam o serviço militar como todos os outros cidadãos, e não pagam mais, como ocorria há um século e meio, a *jizya*, ou seja, a taxa de capitação imposta aos homens adultos, nem o *kharaj*, o imposto sobre a terra[7].

Muitas regras islâmicas felizmente não são mais aplicáveis. Se, por exemplo, consideramos as penas corânicas «canônicas» conhecidas com o nome de *hudud*[8], constatamos que a maior parte dos países islâmicos hoje as ignoram por causa de sua severidade, substituindo-as por penas carcerá-

---

(7) Alguns anos atrás, porém, o líder da Irmandade Muçulmana no Egito, Mustafa Mashhur, pediu a exoneração dos cristãos do serviço militar – mostrando reservas quanto à sua confiabilidade no caso de ataques contra o Egito –, e a volta do pagamento do tributo.

(8) Plural em árabe de *hadd*, limite. O Alcorão fala dos *hudud Allah* no sentido de leis de Deus.

III. O DESAFIO DOS DIREITOS 93

rias, multas em dinheiro ou fustigação. Os delitos punidos pelos *hudud* são furto, rapina, fornicação, adultério, falso testemunho e consumo de álcool. Todo país acrescenta também a apostasia.

As penas canônicas preveem o corte da mão para os ladrões, das mãos e dos pés para os rapinadores, cem golpes de cana para os fornicadores, a lapidação para os adúlteros, a crucificação para os apóstatas. Em muitos casos, o juiz não considera o valor do furto tão consistente para requerer o corte da mão, em outros se considera como atenuante o fato de que o culpado tenha cometido o furto enquanto o país atravessava um período de recessão econômica ou o fato de que é explorado por seu patrão. Como se vê, há sempre a possibilidade de evitar a aplicação das sanções corânicas, mesmo quando são previstas pelo código penal.

46. É possível encontrar no Alcorão contradisposições para se livrar de outros princípios aberrantes da charia?

Os *fuqaha*, os doutores da lei muçulmana, demonstram uma extraordinária habilidade (como todos os juristas do mundo) em conseguir justificar quase qualquer posição. Se alguém quisesse, por exemplo, legitimar a falta em relação ao jejum do Ramadá – coisa considerada gravíssima no Islã – poderia encontrar apoio na própria tradição islâmica. A suna permite, de fato, que não se pratique o jejum durante a *jihad*. Se se afirmasse, como fez no passado o presidente tunisiano Burghiba, que hoje a *jihad* é travada contra a ignorância e o subdesenvolvimento, considerados os maiores inimigos da religião islâmica, poder-se-ia até dispensar os muçulmanos do jejum nessa fase de sua existência. É óbvio que se trata de uma escapatória jurídica, mas é praticável. Porém, o povo tunisiano não seguiu o apelo feito por seu presidente e permaneceu ferrenho à prática do jejum de Ramadã. Portanto, muita coisa depende da própria vontade dos muçulmanos.

Contudo, penso que sempre há uma escapatória, mesmo se o problema consiste em criar uma consciência suficientemente desenvolvida na maioria da população para mudar as coisas. Necessitamos de um certo nível cultural e uma boa dose de coragem para conseguir o afastamento da tradição entendida como soberana reguladora de toda a vida.

47. A Turquia, considerada comumente um dos Estados mais laicos, conseguiu cumprir esse propósito?

Apenas em parte, pois na Turquia o princípio de secularização foi imposto por Atatürk, e não realmente solicitado pelo povo turco. Sabe-se que ali o verdadeiro custodiador da laicidade e da separação entre Islã e política é o exército, e não as instituições civis. Enquanto os generais e proponentes dessa posição forem bastante fortes, ela será mantida. Já faz vinte anos, de fato, que a Turquia assiste a um renascimento da corrente islâmica, representada pelo partido *Refah* («o Bem-Estar»), que conseguiu nas eleições de 1995 se tornar o primeiro partido do país[9], levando seu líder Necmettin Erbakan ao cargo de primeiro-ministro. Nesse ponto interveio o *establishment* militar para fazer cair o governo e o Refah foi desmantelado em janeiro de 1998 pela Corte Constitucional, levando seus dirigentes a criarem um outro partido, o *Fazilet*[10] («a Virtude»). Isso con-

---

(9) Na ocasião, conquistou 158 assentos de 550 no Parlamento.
(10) Dirigido por Recai Kutan, o novo partido conseguiu, nas eleições de 1999, apenas 21,3% dos votos, passando ao terceiro lugar no panorama político turco.

firma que o cerne da secularização permanece no centro dos debates políticos desse país, embora tenham se passado quase oitenta anos desde sua proclamação.

Essas duas almas – religiosa e laica – continuam a se enfrentar. Notei, no decorrer de uma recente viagem à Turquia para participar de uma convenção internacional sobre o pensamento de Averróis, de um lado a restauração do apelo à prece do alto do minarete, banido tempos atrás, e de outro uma abordagem muito liberal em relação às práticas religiosas nos espaços controlados pelo Estado. Fiquei impressionado com dois fatos: o primeiro é que a organização do congresso (promovido pela Faculdade de Teologia muçulmana de Marmara) nunca interrompeu os trabalhos para permitir a prece ritual; o segundo é que, durante os intervalos dos trabalhos eram pouquíssimos, no máximo dez pessoas (pude constatar pelo número de sapatos deixados na entrada), os frequentadores das duas *musalla* (capelas muçulmanas) da faculdade. Dez pessoas entre cerca de duzentos estudantes, homens e mulheres, dentro de uma faculdade de teologia muçulmana é realmente um número muito baixo.

A secularização na Turquia deixou traços profundos, mesmo com a oposição de muitas pessoas. A mudança é, portanto, possível no Islã, mas muito difícil. Nós cristãos percorremos um caminho oposto: o Evangelho convida a distinguir a esfera religiosa da política quando diz para dar a César o que é de César e a Deus o que é de Deus. Durante séculos as duas dimensões se sobrepuseram e reciprocamente se influenciaram, e então conseguimos separá-las depois de uma longa crise que culminou na aquisição do princípio de laicidade. Todavia, ele é frequentemente equivocado, no sentido de ser considerado equivalente à indiferença (ou mesmo à hostilidade) no que respeita à dimensão religiosa, como sustentava o Iluminismo e como quer a secularização contemporânea. E é justamente esse equívoco, ou melhor, essa verdadeira degeneração, que nos expõe às críticas dos muçulmanos: «Vocês veem qual o resultado da separação entre religião, sociedade e Estado? Uma religião descarnada e abstrata, a perda de qualquer referência que ultrapassa o horizonte material, uma liberdade sem pontos de referência ou até mesmo o ateísmo».

Estou cada vez mais convencido de que a recuperação de uma autêntica laicidade, que reconheça a religiosidade como dimensão fundamental da pessoa e da sociedade, que pode ser afirmada livremente como contribuição à convivência civil (mas que não é imposta pelo Estado, como é norma nos países islâmicos), pode oferecer um modelo de referência interessante para os muçulmanos que procuram conjugar democracia, liberdade e fé religiosa. Essa é uma responsabilidade que o Ocidente e, em particular, os cristãos devem assumir, nestes anos que antecedem as mudanças de época.

A condição feminina

48. Dizer que no Islã o homem é considerado superior à mulher é correto ou é um clichê? Em que se baseia essa afirmação?

No Alcorão, afirma-se explicitamente a superioridade do homem sobre a mulher, mas também seu dever de cuidar dela. O versículo 228 da sura da Vaca afirma que «os homens são superiores às mulheres» ou literalmente estão «um degrau acima delas», e o versículo 34 da sura das Mulheres diz que «os homens têm autoridade sobre as mulheres pelo que Allah preferiu alguns a outros, e pelo que despendem de suas riquezas». Dessas afirmações derivou uma tradição secular que dá ao marido uma autoridade quase absoluta sobre a mulher, confirmada também por vários *hadith*.

Devo apontar que na sura das Mulheres mencionada anteriormente a superioridade masculina está ligada tanto à preferência divina como a uma motivação de caráter econômico, embora esse segundo aspecto seja frequentemente deixado de lado pelos exegetas e juristas. Substancialmente, afirma-se que a autoridade masculina deriva *também* do fato de que o homem assegura o sustento da mulher. Mas é lícito perguntar-se se essa autoridade pode ser considerada fundamental mesmo quando o homem não provê mais o sustento da mulher, por exemplo porque, como ocorre cada vez com mais frequência no mundo moderno, ela trabalha e portanto é autossuficiente ou, às vezes, ela mesma se encarrega do sustento do marido e da família.

49. O senhor não acha que há semelhanças entre as afirmações corânicas que estabelecem a autoridade do homem sobre a mulher e algumas passagens das Cartas de Paulo no Novo Testamento?

Afirmar que Paulo atribui ao homem uma autoridade sobre a mulher comparável àquela indicada pelo Alcorão é fruto de uma leitura incorreta do capítulo 5 da Carta aos Efésios. Examinemos os versículos 21-33, que contêm o texto geralmente mencionado, relativo às relações entre marido e mulher[11].

A estrutura formal desses treze versículos nos mostra o objetivo de Paulo. Em primeiro lugar, afirma um princípio geral: «Sujeitai-vos uns aos outros no temor de Cristo». (21) Seguem três versículos (22-24) que se dirigem às mulheres e outros oito (25-32) endereçados aos homens, e no final um versículo conclusivo (33) que esclarece a atitude pedida a cada um deles. Dessa estrutura, deduz-se que o sentido das palavras de Paulo é uma exortação voltada mais aos homens que às mulheres.

Às mulheres, Paulo diz para se submeterem aos maridos como a Igreja o faz com relação a Cristo. Aos maridos, Paulo recomenda amar suas mulheres «como Cristo amou a Igreja e se entregou por ela», usando cinco vezes o verbo amar. E a conclusão: «o que importa é que cada um de vós ame a sua mulher como a si mesmo, e a mulher respeite seu marido».

---

(11) Eis por extenso o trecho mencionado, extraído da Bíblia de Jerusalém: «Sujeitai-vos uns aos outros no temor de Cristo. As mulheres sejam submissas a seus maridos, como ao Senhor, pois o marido é o chefe da mulher, como Cristo é o chefe da Igreja, seu corpo, da qual ele é o Salvador. Ora, assim como a Igreja é submissa a Cristo, assim também o sejam em tudo as mulheres a seus maridos. Maridos, amai as vossas mulheres, como Cristo amou a Igreja e se entregou por ela, para santificá-la, purificando-a pela água do batismo com a palavra, para apresentá-la a si mesmo toda gloriosa, sem mácula, sem ruga, sem qualquer outro defeito semelhante, mas santa e irrepreensível. Assim os maridos devem amar as suas mulheres, como a seu próprio corpo. Quem ama a sua mulher, ama-se a si mesmo. Certamente, ninguém jamais aborreceu a sua própria carne; ao contrário, cada qual a alimenta e a trata, como Cristo faz à sua Igreja – porque somos membros de seu corpo. Por isso, o homem deixará pai e mãe e se unirá à sua mulher, e os dois constituirão uma só carne. Este mistério é grande, quero dizer, com referência a Cristo e à Igreja. Em resumo, o que importa é que cada um de vós ame a sua mulher como a si mesmo, e a mulher respeite o seu marido».

Examinemos agora as palavras em seu contexto histórico para ver qual é a novidade nos ensinamentos de Paulo. Quando fala às mulheres, ele não está introduzindo uma regra nova: realmente a tradição mosaica, a helenística e a romana tinham estabelecido o princípio da submissão da mulher. A novidade está em *como* faz isso, e Paulo especifica que se deve tomar como exemplo a submissão da Igreja a Cristo, uma submissão de amor, espiritual, e não a de uma escrava ao seu patrão. Portanto, na conclusão, tendo esclarecido o conceito, fala de «respeito».

Quando, por outro lado, se dirige aos maridos, exorta-os a amar suas mulheres como Cristo amou a Igreja, oferecendo a própria vida por elas. Provavelmente naquela época havia um problema de falta de amor do homem para com a sua mulher, e Paulo dizia coisas novas com relação a isso: vocês, mulheres, que se submetem a seus maridos, devem fazer como a Igreja a Cristo, em uma união de amor; e vocês, homens, aprendam a amar suas mulheres. Trata-se de formas diversas de um único amor.

A mesma perspectiva é utilizada quando Paulo diz que Cristo se submetia ao Pai e obedecia a Ele até a morte e à morte na cruz[12]. Para o apóstolo, nessa perspectiva, a obediência e a submissão não são um ato de inferioridade humilhante, mas um ato de deferência; prova disso é que Cristo não é inferior a Deus, mas consubstancial a Ele.

Enfim, enquanto na concepção cristã o homem e a mulher são colocados num plano de substancial igualdade, na muçulmana se estabelece uma diferença em nível ontológico, como afirmam ainda hoje os autores muçulmanos que apresentam o papel da mulher no Islã explicando que

---

(12) Cf. Fil 2, 8.

esta, sendo por natureza mais fraca fisicamente, mais frágil psiquicamente e mais emotiva que racional, é inferior ao homem e deve se submeter a ele.

50. Como se traduz na prática a afirmação teórica da inferioridade da mulher com relação ao homem?

Não me refiro aqui às desigualdades que possa haver em *nível sociológico* entre homem e mulher, aquelas que se verificam na vida cotidiana. Estas infelizmente são muito difundidas em toda sociedade, tanto no mundo muçulmano como em outras culturas ou civilizações. Quero falar da desigualdade *jurídica*, que tem consequências duradouras porque é normativa, frequentemente impedindo ou atrasando qualquer adequação à mentalidade dos muçulmanos e muçulmanas de hoje.

É evidente que as observações que farei são de caráter geral, pois um exame analítico das situações nos vários países não é possível neste espaço.

1. Em primeiro lugar, há uma *diferença na forma de se contrair matrimônio*. Ao homem se reconhece a possibilidade de ter ao mesmo tempo até quatro mulheres (poligamia), enquanto à mulher se nega a faculdade de casar-se com mais de um homem (poliandria). A poligamia legalmente sancionada significa uma diferença radical entre homem e mulher. Ao homem, dá a sensação de que a mulher é feita para seu prazer e, no máximo, é uma propriedade sua que ele pode «arar» como quiser, como afirma literalmente o Alcorão[13]. Se ele tiver possibilidades materiais, pode

---

(13) Cf. sura da Vaca (2), 223: «Vossas mulheres são, para vós, campo lavrado. Então, achegai-vos a vosso campo lavrado, como e quando quiserdes».

«conquistar» uma outra esposa. A mulher se encontra em uma condição de submissão no papel de objeto de prazer e de reprodução; esse papel é confirmado pelo fato de que não é nunca chamada por seu nome, mas sempre em relação a um homem: filha de ..., mulher de ..., mãe de ...[14]

2. A mulher muçulmana não pode *casar-se com um homem de outra fé*, a menos que este se converta ao Islã. A proibição se deve ao fato de que, nas sociedades patriarcais orientais, os filhos adotam sempre a religião do pai[15]. Mas é também justificada pelo fato de que o pai é quem garante a educação religiosa dos filhos, e portanto apenas se for muçulmano poderá assegurar seu crescimento segundo os princípios islâmicos. Lembro-me, com relação a isso, de que os filhos nascidos de um muçulmano são considerados para todos os efeitos muçulmanos, mesmo se forem batizados. Por isso, qualquer matrimônio misto (entre um muçulmano e uma cristã ou judia, os únicos dois casos contemplados na charia) aumenta numericamente a comunidade muçulmana e diminui a comunidade não muçulmana.

3. O marido tem o direito de *repudiar a mulher* repetindo três vezes a frase «você é repudiada» em presença de duas testemunhas muçulmanas masculinas, adultas e em perfeita saúde mental, mesmo sem recorrer a um tribunal. A coisa mais absurda é que, se o marido se arrepender mais tarde de sua decisão e quiser «recuperar» sua mulher, esta deve antes se casar com outro homem que deverá, por

---

(14) No Alcorão, com exceção de Maria, mãe de Jesus, nenhuma mulher tem um nome próprio. São todas denominadas em referência ao grau de parentesco que têm em relação a um homem.

(15) Na religião hebraica, ao contrário, é a mãe que transmite a própria religião à prole por motivos ligados à ideia messiânica, no sentido de que o Messias deve necessariamente nascer de uma mulher judia.

sua vez, repudiá-la¹⁶. A mulher passa, nesse caso, de mão em mão para respeitar formalmente a Lei. A mulher, ao contrário, não pode repudiar o marido. Poderia pedir o divórcio, mas isso se torna, para ela, motivo de reprovação e a coloca em uma condição sociológica muito frágil. No entanto, o repúdio é visto como uma humilhação para a mulher e se presume sempre que ela tem algum problema físico ou moral.

Enfim, a facilidade com que o marido pode repudiar a mulher sem ter de justificar sua decisão a torna totalmente dependente do estado de ânimo dele, com o constante temor de ser rejeitada. É como uma espada de Dâmocles que pende sobre sua cabeça: se não se comportar de acordo com o desejo do marido pode ser repudiada, e então deverá procurar um outro homem que aceite tomá-la para si.

4. Em quarto lugar, deve-se considerar a facilidade com que se obtém o *divórcio*, que acontece quase sempre a pedido do homem. Tradicionalmente, não há nem necessidade de ir ao tribunal. É verdade que um *hadith* de Maomé diz que «o divórcio é a mais odiosa das coisas lícitas», entretanto é permitido.

5. A *custódia da prole*, depois do divórcio, é outro exemplo de desigualdade. Os filhos «pertencem» ao pai, que decide sobre sua educação, mesmo se forem provisoriamente confiados à mãe até a idade de sete anos. Apenas o pai tem o poder genitorial.

6. Também há a questão da *hereditariedade*. À mulher se

---

(16) Cf. sura da Vaca (2), 229-230: «O divórcio é permitido por duas vezes. Então, ou reter a mulher, convenientemente, ou libertá-la, com benevolência. [...] E, se ele se divorcia dela pela terceira vez, ela não lhe será lícita, novamente, até esposar outro marido».

consigna a metade do que é dado ao homem[17], uma quantia que se fundamenta na situação socioeconômica em que a família vivia antigamente: dado que, segundo o Alcorão, é o homem que tem a obrigação de manter a mulher e a família inteira, era lógico que devesse dispor de um pequeno fundo ao qual pudesse recorrer. Também nesse caso, uma desigualdade estabelecida pela lei divina aumenta a dependência da mulher ao homem.

7. Uma sétima diferença em nível jurídico é que o *testemunho* do homem vale o mesmo que o de duas mulheres. Isso se baseia em um *hadith* de Maomé, muito difundido no âmbito muçulmano embora sua autenticidade seja frequentemente discutida, em que se afirma que «a mulher é imperfeita na fé e na inteligência». Quando se pede aos *fuqaha*, aos especialistas das leis, para explicar o motivo, respondem que a mulher é imperfeita quanto à fé porque, em certas situações, por exemplo durante a menstruação, sua prece e seu jejum não são válidos e sua prática religiosa é portanto imperfeita.

Com relação à segunda parte da afirmação – a «imperfeição» na inteligência –, talvez isso pudesse ser explicado sociologicamente, levando-se em consideração que tempos atrás as mulheres estudavam menos, estavam menos envolvidas na vida social e se dedicavam apenas aos trabalhos domésticos, mas hoje isso não vale mais. Porém, na maioria dos tribunais dos países islâmicos ainda vigora esse princípio, apesar dos protestos das associações feministas. Em alguns países, os fundamentalistas pedem também que às

---

(17) «Allah recomenda-vos, acerca da herança de vossos filhos: ao homem, cota igual à de duas mulheres» (Sura das Mulheres (4), 11); «E, se são irmãos [do falecido], homens e mulheres, ao varão, uma cota igual à de duas varoas» (*Idem*, 176).

mulheres seja proibido atuar como testemunhas nos processos em que são previstas as leis corânicas.

8. Uma última diferença, talvez a mais grave por suas consequências práticas, diz respeito à vida cotidiana e estabelece que o homem tenha uma absoluta *autoridade* sobre a mulher[18], tendo também a obrigação, se necessário, de corrigi-la espancando-a, até que o obedeça[19]. O homem pode impedi-la de sair de casa, até mesmo de ir à mesquita, pois em um *hadith* Maomé diz à mulher que sua prece não tem valor se for feita sem a permissão do marido. Paradoxalmente, nesse caso a obediência ao marido tem mais valor que a obediência a Deus.

Todas essas regras jurídicas tornam a mulher muçulmana uma pessoa privada dos mesmos direitos do homem[20].

51. Poderíamos citar um outro caso, o do véu, embora esse aspecto não esteja propriamente no nível dos direitos humanos.

Para boa parte dos muçulmanos, essa não é uma questão jurídica, mas de costume, enquanto, segundo a interpretação dos radicais, o véu é uma obrigação que deriva do Alcorão. A base jurídica dessa medida estaria no versículo 31 da sura das Luzes (24): «E dize às crentes que baixem suas

---

(18) Cf. sura das Mulheres (4), 34: «Os homens têm autoridade sobre as mulheres».

(19) Cf. sura das Mulheres (4), 34: «E àquelas de quem temeis a desobediência, exortai-as, pois, e abandonai-as no leito, e batei-lhes. Então, se elas vos obedecem, não busqueis meios de importuná-las».

(20) Para um exame mais aprofundado dos aspectos jurídicos e sociológicos do casamento na concepção islâmica, recomenda-se a leitura das obras de Roberta Aluffi Beck-Peccoz, *Le leggi del diritto di famiglia negli Stati arabi del Nord-Africa*, Fondazione Giovanni Agnelli, Turim, 1997; e de Giancarla Perotti Barra, *Sposare un musulmano: Aspetti sociali e pastorali*, Effatà, Turim, 2001.

III. O DESAFIO DOS DIREITOS 105

vistas e custodiem seu sexo e não mostrem seus ornamentos – exceto o que deles aparece – e que estendam seus cendais sobre seus decotes. E não mostrem senão a seus maridos ou a seus pais ou aos pais de seus maridos ou a seus filhos ou aos filhos de seus maridos[21] ou a seus irmãos ou aos filhos de seus irmãos ou aos filhos de suas irmãs ou a suas mulheres ou aos escravos que elas possuem ou aos domésticos, dentre os homens, privados de desejo carnal, ou às crianças que não descobriram, ainda, as partes pudendas das mulheres[22]. E que elas não batam, com os pés, no chão, para que se conheça o que escondem de seus ornamentos».

Muitos juristas islâmicos afirmam que a ordem de esconder algumas partes do rosto e do corpo foi dada apenas às mulheres de Maomé. Há uma disputa de longa data entre os muçulmanos sobre o contexto da revelação (em árabe, *asbab al-tanzil*) dessa obrigação. Segundo alguns comentaristas, isso derivou da excessiva liberdade que algumas de suas mulheres tomavam com os homens que vinham ver o profeta[23]. Este teria ficado aborrecido e teria recebido do Céu um versículo destinado a pôr fim a essa situação embaraçosa. Dessa intenção inicial de limitar o véu às mulheres do profeta, a obrigação depois se estendeu às «mulheres dos fiéis», como recorda o versículo 59 da sura dos Partidos (33): «Ó Profeta! Dize a tuas mulheres e a tuas filhas e às

---

(21) A palavra árabe usada aqui (três vezes no versículo) é *bal*, que significa «patrão», como o Baal da Bíblia.
(22) As figuras descritas correspondem àquilo que a tradição beduína, ainda hoje, chama os *Maharim*.
(23) Vários *hadith* falam da revelação do versículo do véu por ocasião do matrimônio (o sétimo) de Maomé com Zaynab bint Jahsh, mulher também de Zayd, filho adotivo do profeta. No banquete nupcial, alguns homens teriam se demorado conversando com ela.

mulheres dos crentes que se encubram em suas roupagens. Isso é mais adequado, para que sejam reconhecidas e não sejam molestadas».

De acordo com os estudiosos das fontes árabes, a regra do véu não era aplicada de maneira rígida às outras mulheres, que eram livres para segui-la ou não. As chamadas *musfirat*, as mulheres descobertas, eram numerosas no tempo do profeta. O problema principal, mesmo nesse caso, é que no mundo islâmico há uma tendência a sacralizar, através da autoridade do Alcorão, aquilo que em outros contextos é considerado apenas costume ou hábito. No Cairo, a capital mais populosa do mundo árabe, a maioria das mulheres não usava o véu trinta anos atrás. Depois se assistiu a uma onda de aplicação rígida da prescrição corânica favorecida pelos movimentos radicais islâmicos.

Todavia, para os juristas muçulmanos não está muito clara a definição do que significa estar coberto. A palavra árabe *khumurihinna* é traduzida como «seus mantos», o que leva a pensar que o rosto não esteja compreendido na proibição. Daqui a gama de «trajes islâmicos» femininos que vai do simples *foulard* que cobre apenas os cabelos ao *hijab* que cobre a mulher dos pulsos aos tornozelos, em toda a extensão do corpo, envolvendo também a zona do peito, do seio até o colo e os cabelos, deixando na prática apenas as mãos descobertas, o rosto e eventualmente os pés. Há também o *chador* preto que inclui luvas para as mãos, muito difundido entre as mulheres xiitas, ou a *burqa* (do árabe *burquc*), que foi imposta pelo Talibã a todas as mulheres afegãs e que as cobre inteiramente, deixando uma abertura na altura dos olhos, ou ainda o *niqab*, um véu sobre a face, mas estas últimas duas não são indumentárias prescritas pela suna ou pelo Alcorão.

III. O DESAFIO DOS DIREITOS

52. *Como é vivida nos países islâmicos a discriminação objetiva da mulher em relação ao homem?*

É difícil generalizar, podemos dizer que depende unicamente de sua cultura e tradição. Nos ambientes populares, a condição de submissão é aceita na medida em que a mulher sempre viu sua mãe se submeter ao marido, e então mais facilmente segue seus passos. Nos ambientes mais cultos, se o marido tiver uma mentalidade tradicionalista, a situação da mulher se torna mais difícil e tanto mais inaceitável quanto mais ela é instruída, aberta à modernidade ou ligada ao mundo do trabalho ou a experiências externas à família.

Quando uma família vive no Ocidente, como no caso dos imigrantes, e a menina vai à mesma escola que o menino, divide as mesmas coisas, frequenta normalmente os colegas do outro sexo e vive mais ou menos como eles, não consegue entender por que, em determinado momento, sua família a reprime. Em nível dos adultos, se a motivação corânica pela tutela das mulheres se baseia no sustento por parte do homem, então esse princípio não rege mais hoje a mulher que trabalha como o homem e, em certos casos, ganha mais que ele ou mesmo o sustenta. O homem aceitaria submeter-se à mulher e ceder a ela sua autoridade se fosse a mulher que sustentasse a família? É claro que nessas situações existe um conflito entre as normas consideradas imutáveis do Islã, como querem os radicais, e o impacto com a sociedade que propõe costumes que são contrários ao Islã.

No caso dos jovens, a menina se submete à família e se sente frustrada pensando: «Mas por que me fizeram estudar?», ou decide se rebelar das normas que lhe ensinaram desde pequena e então corre o risco de ter outro tipo de frustração, pois pensa que renegou sua fé e sua tradição «cedendo» àquela do país para o qual imigrou. É o conflito de gerações de quem vive entre duas culturas e pratica em seu espaço privado aquilo que em nível público é um verdadeiro confronto entre culturas e civilizações.

53. Quais são as regras que governam os matrimônios mistos, um fenômeno que vem aumentando nos últimos anos, como resultado dos fluxos migratórios e da maior facilidade de deslocamento em nível internacional?

A coisa mais importante é que esses matrimônios são sempre uma via de mão única, pois um muçulmano pode se casar com uma não muçulmana, mas a muçulmana não pode se casar com um não muçulmano, a menos que este aceite converter-se primeiramente ao Islã.

Esses casamentos estão se multiplicando, mas em muitos casos chegam ao fim por causa do conflito que se desenrola entre os dois cônjuges. Partindo da premissa de que no Islã o matrimônio não é um sacramento como na concepção cristã, mas um contrato entre um homem e uma mulher (esta última representada por seu tutor, *waliy*), os matrimônios mistos apresentam dificuldades não só para os cristãos, mas para todos os ocidentais. O próprio jeito de organizar a vida matrimonial é de fato diferente, como é diferente a concepção da relação sexual, na qual a mulher deve estar sempre à disposição do homem. O «contrato» especifica os direitos e os deveres de ambos: o homem se ocupa das necessidades da família, a mulher, do bom funcionamento da casa.

Em um casamento misto, a mulher perde juridicamente o direito de herança do marido se não se converter ao Islã. Em caso de separação, os filhos ficam com o pai, enquanto a mãe obtém apenas o encargo de ocupar-se deles quando são pequenos, no máximo até a idade de sete anos. No que diz respeito às obrigações depois da separação, o direito islâmico obriga o homem a sustentar a mulher por nove meses. Por um simples motivo: ela poderia ter concebido um filho, mas passado aquele período sem que haja um nascimento, o homem pode seguir tranquilo em seu caminho.

Mesmo levando em conta que alguns Estados, como a Tunísia, empreenderam um processo de modernização do código de família eliminando algumas discriminações, deve-se observar que a condição da mulher no Islã, seja em nível jurídico, seja em nível prático, permanece ainda muito penalizada.

54. Um dos aspectos mais controversos e dramáticos dos casamentos mistos contraídos na Itália é o que diz respeito à custódia dos filhos em caso de separação dos cônjuges. Não são raros os casos de muçulmanos que retornam aos países de origem tirando os filhos da mulher e obtêm do tribunal de seu país a possibilidade de mantê-los consigo...

O problema se apresenta quando o casamento é contraído entre uma italiana e um cidadão muçulmano, suponhamos egípcio. O exemplo típico é aquele do regresso do marido ao país de origem junto com os filhos com o pretexto de passar férias ou de levá-los para conhecer a família paterna, seguido da recusa em retornar à Itália; em tal caso, torna-se impossível para a mulher poder recuperar os filhos, pois as leis dos países privilegiam sempre o cônjuge muçulmano. A lei egípcia estabelece, além disso, que os filhos devem pertencer «à melhor religião» – entende-se aqui a islâmica –, dando um ulterior exemplo de discriminação com bases religiosas.

55. Concluindo: é possível esperar que a situação dos direitos da mulher no Islã melhore?

Só será possível desenvolver um trabalho de educação aos direitos da pessoa, o que significa reconhecer as mesmas oportunidades para o homem e para a mulher. Uma ajuda decisiva para manter em movimento esse processo, que equivaleria a uma verdadeira revolução cultural, poderia vir de uma mudança da mentalidade dos xeiques, as autoridades religiosas, mas atualmente esse é o aspecto mais desencorajador, pois continuam a prevalecer posições conservadoras.

Um outro fator de mudança é a atividade dos movimentos para os direitos humanos e das organizações para a emancipação da mulher, ativos mas ainda largamente minoritários e pouco influentes sobre o povo. Com relação a isso, a nomeação, em agosto de 2001, de uma mulher muçulmana, a paquistanesa Irene Khan, como chefe da Anistia Internacional poderia talvez dar um impulso à promoção dos direitos da mulher do mundo islâmico.

Existem, é verdade, figuras femininas de destaque no campo da literatura, da arte e do espetáculo, mas se deve reconhecer que suas palavras se destacam apenas em círculos frequentemente restritos ou que têm mais ressonância no Ocidente que em seus países. Por outro lado, algumas delas reivindicam uma emancipação que se baseia nos modelos ocidentais e prescinde totalmente do patrimônio da tradição muçulmana, e isso certamente não favorece a penetração de sua mensagem nas classes populares.

Nesse caso, a relação com o Ocidente se revela crucial em duas direções opostas: de um lado, pode influenciar positivamente o extenuante processo de evolução da condição feminina, mostrando as melhorias obtidas nas sociedades ocidentais em nome da dignidade da mulher; de outro lado, pode em vez disso levar à rejeição dos modelos que transmitem uma imagem mercantilizada do corpo e da sexualidade. Nesses modelos, a sacralidade da vida e o respeito a certos valores, que são o fundamento tanto da antropologia islâmica como da cristã, são deixados de lado em nome dos mitos do materialismo e do consumismo e de uma falsa liberdade que se assemelha mais à libertinagem.

A liberdade religiosa e o caso da apostasia

56. No terreno dos direitos religiosos, um dos aspectos mais controversos é o relativo à liberdade de professar uma fé diversa da muçulmana dentro de um país islâmico. Como se concebe no Islã a liberdade religiosa?

O conceito de liberdade religiosa é muito particular: enquanto judeus e cristãos podem professar a própria fé com base nas prescrições corânicas relativas à «gente do Livro», aqueles que seguem outras religiões não têm direito algum. Esse reconhecimento se traduz, ao longo do avanço muçulmano no Oriente Médio (séculos VII e VIII) em «tratados de proteção» estipulados com as várias comunidades cristãs que pretendiam regular o estatuto dos *dhimmi* nas regiões conquistadas. Esses tratados asseguravam, à sombra do poder islâmico, a segurança das pessoas e dos bens e a liberdade de culto, mas impunham frequentemente proibições e sinais de inferioridade. Em troca da proteção (a *dhimma*) oferecida pelos muçulmanos, os cristãos podiam continuar a professar a própria fé, mas deviam dar prova de lealdade em relação ao poder constituído, reconhecer a superioridade do Islã e pagar a *jizya*, a taxa de capitação.

Essas disposições tornaram possível, no decorrer dos anos, a gradual islamização dos países conquistados. Havia obstáculos de natureza religiosa, como as restrições à prática pública do culto (som de sinos, procissões nas estradas, exposição de símbolos cristãos), a proibição de construir novas igrejas ou restaurar aquelas em ruínas, de fazer apostolado entre os muçulmanos e de se opor à conversão de um cristão ao Islã. Outros impedimentos eram de natureza social, como o acesso à carreira política e militar, o casamento com as mulheres muçulmanas e o testemunho diante de um tribunal[24].

Portanto, o sistema da *dhimma* foi visto como dominação humilhante, que com o passar do tempo se tornou cada vez mais insuportável. Os cristãos podiam também obter sucesso profissional, mas sua «inferioridade» era fundamental aos olhos dos muçulmanos. Seu sucesso parecia ilegítimo e o exercício de qualquer forma de poder era visto como contrário à norma. Na vida cotidiana, os cristãos deviam portanto aceitar humilhações constantes que pretendiam recordar sua condição, em conformidade com o texto corânico que intima os muçulmanos a combater a gente do Livro «até que paguem *al jizyah* [o tributo] com as próprias mãos, enquanto humilhados»[25]. Nos momentos de crise, era sobre eles que se concentravam os rancores e eles se tornavam então um bode expiatório para o poder,

---

(24) Por outro lado, deve-se recordar que durante o império muçulmano alguns cristãos mantiveram cargos públicos, coisa que ainda hoje acontece em alguns países de maioria muçulmana.

(25) Sura do Arrependimento (9), 29.

enquanto durante as guerras eram suspeitos de conivência com o inimigo.

57. A maioria dos não muçulmanos nos países islâmicos é constituída hoje de cristãos: são 90 milhões que vivem junto a 900 milhões de muçulmanos[26]. Qual é o grau de liberdade religiosa que lhes é dado?

A situação da liberdade religiosa no Islã é muito diferente de país a país. Vai da proibição de mostrar símbolos religiosos nos edifícios ou nos corpos (por exemplo, a cruz no pescoço) aos obstáculos impostos à profissão e à difusão da própria fé, à construção e restauração de lugares de culto, até a proibição de celebrar a missa mesmo em um espaço privado ou de introduzir no país textos religiosos não muçulmanos. As diferenças dependem em larga medida do contexto político, cultural e nacional local, e também do tipo de presença cristã. Há, de fato, países em que o percentual de cristãos é consistente e outros em que é muito exíguo[27]; países em que se aplica a charia, outros em que o Islã é declarado religião de Estado e outros ainda que optaram por certa laicidade; países em que o cristianismo é considerado uma realidade autóctone, como no Egito, no Líbano, na Jordânia, no Iraque, na Síria e na Palestina, outros em que é professado por comunidades estrangeiras, como no Magreb e nos Estados do Golfo.

O Estado em que se verificam as maiores restrições à

---

(26) Dos quais catorze milhões nos países árabes, quarenta milhões na Nigéria, vinte milhões na Indonésia, três milhões no Paquistão, e cotas inferiores no Chade, na Malásia, na Ásia Central, etc.

(27) 40-45% no Líbano; 40% na Nigéria; 35% no Chade; 8-10% no Egito, Indonésia, Sudão; 8% na Síria; 4% no Iraque; 3% no Paquistão e menos de 1% na Turquia, no Irã e norte da África.

liberdade religiosa é a Arábia Saudita, que proíbe qualquer culto que não seja muçulmano, pois é um país considerado inteiramente «solo sagrado». Com essa expressão as autoridades sauditas, enquanto custodiadoras das duas cidades santas (Meca e Medina)[28], decretaram que todo o território de seu país se compara a uma mesquita, portanto não se admite a presença de símbolos religiosos diversos dos islâmicos. Entre os 6 milhões de trabalhadores estrangeiros, ao menos 600 mil são cristãos e não podem celebrar o culto nem mesmo de forma privada. A participação em reuniões clandestinas de prece, como também a posse de material não islâmico (bíblias, rosários, cruzes, imagens sacras) levam à prisão e à expulsão, ou até à pena capital.

A situação dos trabalhadores cristãos nos outros países do Golfo é ligeiramente melhor: as autoridades concedem uma limitada liberdade de culto e de organização eclesiástica e permitem às vezes a construção de igrejas, embora recordando à comunidade local o dever de abster-se de toda forma de apostolado entre os muçulmanos. Nos países do Magreb, os cristãos são organizados em dioceses e gozam de liberdade de culto, mas devem ter certa discrição por motivos que lembram também o passado colonial.

Mesmo nos países muçulmanos onde a população cristã é autóctone, há situações diversificadas. Em alguns, como no Sudão, a repressão é sancionada ou conduzida em nível institucional, com o governo que considera *jihad* o conflito étnico cultural que impera no Sul e favorece as conversões forçadas ao Islá nos campos de refugiados. Um outro caso de aberta discriminação é o do Paquistão, onde os cristãos

---

(28) O título oficial do rei Fahd da Arábia é de fato o de «servidor dos dois lugares sagrados» (*khadim al-haramayan al-sharifayn*).

solicitam há anos a retirada da lei sobre blasfêmia[29] e as mudanças da legislação de fisionomia marcadamente islâmica. Em muitos países do Oriente Médio (Síria, Iraque, Egito, Jordânia, Irã) se modera, com algumas restrições, a participação dos cristãos na vida social, cultural e às vezes política do Estado. As inevitáveis tensões se devem nesse caso a fatores culturais ou então à situação política (problema palestino ou embargo contra o Iraque) ou ao crescimento do fenômeno integralista. No Líbano, foi sancionado pela Constituição o papel determinante dos cristãos nos vários setores da vida nacional e a igualdade na representação parlamentar em relação aos muçulmanos, embora os acordos de Taif (Arábia Saudita, 1989) tenham reduzido de modo considerável o poder político dos cristãos, comprometendo assim um equilíbrio confessional já frágil.

58. O Islã proíbe seus fiéis de se converter a uma outra fé religiosa, e a transgressão dessa proibição comporta consequências muito graves. Quais são os fundamentos teológicos e jurídicos da norma e as sanções previstas para quem a viola?

Primeiro há a crença de que, de acordo com um célebre *hadith* maometano, cada homem que nasce sobre a Terra nasce muçulmano, e são seus pais que podem impor-lhe uma religião diversa (hebraica, cristã, budista ou outra). Portanto, a conversão de um muçulmano a uma outra fé é considerada um grave erro e uma traição em relação à

---

(29) A lei pune com a morte qualquer um que seja acusado de ofender Maomé e condena à prisão perpétua aquele que ofende o Alcorão. Apesar das garantias sobre a proteção dos direitos das minorias, os abusos da parte de indivíduos ou grupos radicais islâmicos são frequentes. Em 1998, em sinal de protesto contra a condenação à morte de um jovem católico, o bispo de Faisalabad, John Joseph, se suicidou com um tiro na testa.

comunidade dos verdadeiros crentes, a *umma*, na qual é possível apenas entrar, não é permitido sair. A tarefa de todo muçulmano é convidar cada homem a se converter ao Islã, e isso é um aspecto fundamental da *dawa*, a missão de anunciar a verdade a toda a humanidade. A liberdade religiosa é concebida sobretudo como liberdade de aderir à verdadeira religião, que é o Islã, enquanto a passagem a outra fé é considerada totalmente inatural e portanto severamente proibida.

Analisemos a terminologia árabe: *ridda* e *murtadd* são os termos com que se define a apostasia e o apóstata, ou seja, o muçulmano que repudia sua fé. A tradição predominante considera que a pena infligida ao apóstata deve ser a morte, e historicamente a prática era tão difundida que às vezes, para poder eliminar qualquer pessoa com bons motivos, ela era acusada de apostasia.

O que o Alcorão diz a esse respeito? De catorze versículos que sancionam a apostasia, treze preveem uma «punição muito dolorosa no outro mundo», um só (na sura do Arrependimento (9), 74) fala de um «doloroso castigo, na vida terrena e na Derradeira Vida». Todos os comentaristas reconhecem que essa referência é muito vaga para que se pense em uma punição específica: caso se considere que para o furto ou para o adultério o Alcorão prescreve sanções muito precisas, nos admira o fato de que, para condenar um delito considerado muito grave com uma punição severa como a condenação à morte, seja suficiente uma alusão tão genérica: um «doloroso castigo, na vida terrena e na Derradeira Vida».

Mas os fundamentalistas recorrem a dois argumentos: o primeiro é de caráter jurídico, baseado na emissão de *fatwa* por parte dos juristas, que encontraram o modo de motivar islamicamente seus pronunciamentos; o segundo se fundamenta em argumentos de tipo histórico, baseados na chamada «guerra de apostasia», em árabe *hurub al-ridda* (literalmente «as guerras do retorno», subentendendo-se o retorno ao paganismo), lideradas pelo primeiro califa Abu Bakr. Mas nesse caso se trata claramente de uma interpretação instrumental. Eis, em síntese, os fatos: quando Maomé morreu, muitas tribos árabes, que se submetiam a ele e pagavam um oneroso tributo em sinal de aliança, se recusaram a continuar pagando. Abu Bakr liderou várias guerras contra eles, conseguindo arregimentar muitos sob seu domínio. É evidente que, tanto para os contemporâneos do califa como para os historiadores muçulmanos, essas guerras tinham objetivo econômico e político, não religioso: tratava-se de fazer retornar à dominação as tribos que haviam assinalado sua independência, não de puni-las devido a uma traição religiosa. Em geral, os muçulmanos liberais afirmam que Maomé nunca pediu que se matasse um apóstata; ao contrário, até interveio em duas ocasiões para impedir seu povo de fazê-lo.

Definitivamente, como se vê, o recurso à pena de morte não parece ter fundamentos islâmicos aceitáveis. Porém, historicamente isso foi se consolidando e nas últimas décadas, em paralelo ao chamado «despertar islâmico», se tornou tragicamente atual, pois os apoiadores das correntes radicais fizeram pressão para que aquele que abandonar o Islã seja severamente punido. Assim, alguns países introduziram na Constituição ou no código penal o crime de apostasia, coisa que, além de tudo, está em evidente contraste com a Declaração Universal dos Direitos Humanos de 1948 e que pesa na consciência de muitos muçulmanos.

59. O senhor pode nos dar alguns exemplos de como a apostasia é sancionada?

O exemplo mais recente vem do Afeganistão, em que o regime do Talibã no poder, de 1996 a 2001, introduziu a pena de morte para todos aqueles que se convertiam a outras religiões que não fossem o Islã.

O artigo 126 do código penal sudanês de 1991 diz textualmente: «Comete delito de apostasia qualquer muçulmano que faça propaganda para sair da nação islâmica (*millat al-islam*) ou que manifeste abertamente a própria saída com uma explícita declaração ou com um ato que tenha um sentido absolutamente claro. Quem comete o delito de apostasia é convidado a se arrepender no intervalo de um período decidido pelo tribunal. Caso persista em sua apostasia e não retorne ao Islã, será punido com a morte. A sanção da apostasia cessa se o apóstata se retratar antes da execução».

A Arábia Saudita sempre considerou a apostasia como um crime a ser punido com a pena de morte, em consideração ao fato de que sua Constituição é o Alcorão interpretado em sentido rigoroso segundo a tradição wahhabita.

O projeto de reforma do direito penal do Kuwait de 1993 prevê para o apóstata a pena de morte (artigos 96 e 167-172).

Um exemplo ainda nos é dado pelo código penal da Mauritânia de 1984: o artigo 306 afirma que «cada muçulmano culpado de apostasia, seja com a palavra, seja com a ação, de maneira aparente ou evidente, será convidado a se arrepender dentro de um período de três dias. Se não se arrepender nesse espaço de tempo, será condenado à morte como apóstata e seus bens serão confiscados pelo Tesouro».

Outros países sancionam penalmente a apostasia, embora não se utilizem do recurso à pena de morte.

60. Quais são os casos mais famosos de condenação contra apóstatas?

O episódio dos *Versos satânicos* de Salman Rushdie e sua condenação à morte decretada como uma *fatwa* pelo aiatolá Khomeini em 1989 é o acontecimento mais conhecido e provavelmente foi um detonador, chamando atenção para a apostasia em nível mundial, bem além dos recônditos da comunidade islâmica.

Mas outros acontecimentos trouxeram a questão à tona nos anos recentes: recordo a condenação, em 1995, do docente universitário Nasr Hamid Abu Zayd, da qual já nos ocupamos[30], ou o caso da escritora Nawal al-Saadawi, levada em 2001 a julgamento por apostasia por um advogado islamista, mesmo sob protestos de inúmeras organizações feministas ou de associações em defesa dos direitos humanos. Esses intelectuais conseguiram evitar a execução da condenação.

Menos afortunado foi um outro intelectual egípcio, Farag Fawda, assassinado em junho de 1992 por um comando radical pouco depois de ser declarado apóstata pelas autoridades religiosas. No processo contra os assassinos de Fawda, o xeique Muhammad al-Ghazali, uma figura muito conhecida por seu equilíbrio, veio testemunhar em favor da defesa e justificou o assassinato de Fawda apoiando-se na charia.

Um outro atentado, dessa vez malogrado, teve como

---

(30) Cf. pergunta 42.

objetivo em 1995 o escritor egípcio Naguib Mahfouz, de 83 anos, o primeiro árabe a ser nomeado ao Prêmio Nobel de Literatura (1988). Ao seu nome estão ligadas dezenas de obras literárias e cinematográficas, mas seu romance *Filhos de Gebelawi*, escrito nos anos 1950 e agora no índex do Egito, é considerado blasfemo por muitos e foi a causa do atentado.

Há também o episódio da escritora bengalesa Taslima Nasreen, obrigada a viver na clandestinidade por causa das ameaças dos grupos integralistas que pedem que seja presa e levada à morte por blasfêmia. Em 1994, de fato, Nasreen foi acusada de «ofender a religião», um crime previsto pelo código penal de Bangladesh, e por isso teve de se refugiar no Ocidente.

Mas há muitos outros casos, menos conhecidos da opinião pública mundial, que dizem respeito a gente comum. Um deles é o caso de Mohammed Omer Haji, um refugiado somali de 27 anos residente no Iêmen, condenado à morte em 2000 apesar de seu status de refugiado, porque havia se convertido ao cristianismo junto com sua mulher. Foi torturado na prisão para que revelasse os nomes de seus «cúmplices» e a abjurar a fé, mas foi em vão. Ao fim, e segundo o costume, o juiz deu a Haji uma semana para declarar, por três vezes, seu retorno formal ao Islã, sob pena de morte. O interesse de algumas organizações internacionais lhe permitiu livrar-se da prisão: atualmente ele vive com a família na Nova Zelândia, onde goza de uma forma de asilo «religioso».

Contudo, não foi tão afortunado em 1994 o destino de quatro muçulmanos que haviam se convertido vinte anos atrás ao cristianismo na diocese sudanesa de Rumbek e se tornaram depois catequizadores: foram chicoteados pelas forças de segurança do governo e depois crucificados por terem rejeitado o retorno ao Islá.

Sabe-se, enfim, que o governo saudita condenou à morte muitos xiitas com a acusação de apostasia para livrar-se de incômodos opositores políticos. Os ulemás sauditas forneceram a base teológica a essa medida emanando uma *fatwa* em que se consideram «politeístas» os xiitas quando «apelam a Ali[31] nos momentos de dificuldade e de desconforto» e pedem aos muçulmanos para não se casarem com eles e não adquirirem a carne macerada por eles[32].

61. Em que pé está o debate sobre a apostasia no mundo islâmico?

A verdadeira novidade é representada pelo fato de que uma discussão antes limitada aos círculos restritos de intelectuais e aos especialistas de direito começou a abrir-se para a opinião pública e a se tornar objeto de discussão até nos *mass media*, o que demonstra a importância do problema nas sociedades muçulmanas.

A aposta, no plano dos princípios, é muito alta: por trás de cada caso, existe a liberdade de consciência. Mas, indo até as raízes, está em jogo uma questão fundamental: um Islá em que religião e Estado sejam separados é possível?

A condenação da apostasia é justificada a partir de uma interpretação tradicionalista, de tipo literal, do Alcorão e da suna, sustentada e reafirmada pelos fundamentalistas. Com uma série de passagens lógicas, estes chegam a afirmar que

---

(31) Alibin Abi Talib, primo e genro de Maomé. Além de ser o quarto califa, é o primeiro imã dos xiitas.

(32) No caso de decapitação de xiitas «apóstatas», ver o dossiê da Anistia Internacional *Saudi Arabia, Religious intolerance: The arrest, detention and torture of Christian worshippers and Shia Muslims*, publicado em 1993.

colocá-la em discussão significa duvidar do valor absoluto do Alcorão. Portanto, criticar esse *hadd* (pena canônica)[33] trazido pelo texto sagrado, em nome da modernidade, significa ameaçar em suas bases todo o edifício tradicionalista, e declarar que o Alcorão não é mais decisivo em sentido literal para os muçulmanos na época moderna. Portanto, *a fortiori*, também para os não muçulmanos[34].

Uma provocação: a reciprocidade

62. Como vimos anteriormente, em muitos países de maioria muçulmana há dificuldades para o exercício de uma autêntica liberdade religiosa, em particular por parte dos cristãos. Por outro lado, na Europa se multiplicam as solicitações das comunidades muçulmanas de exercitar publicamente a própria fé. Há quem peça a aplicação do chamado princípio de reciprocidade, que pode ser traduzido como o condicionamento das aberturas feitas no Ocidente aos muçulmanos (por exemplo, a possibilidade de construir lugares de culto) a medidas análogas que deveriam ser tomadas em favor dos cristãos nos países islâmicos. O que o senhor pensa disso?

É um argumento premente, que divide os próprios cristãos, os quais deveriam ser os mais interessados na aplicação do princípio de reciprocidade. Mas acho que também

---

(33) Cf. pergunta 45.

(34) Para aprofundar o tema da apostasia, ver o artigo de Samir Khalil Samir no ensaio «Le débat autour du délit d'apostasie dans l'Islam contemporain», in John Donohue e Christian Troll (orgs.), *Faith, Power and Violence*, coleção «Orientalia Christiana Analecta», n. 258, Pontifício Instituto Oriental, Roma, 1998, págs. 115-140.

nesse caso se deva preliminarmente esclarecer um equívoco fundamental: não estamos falando majoritariamente de um problema «religioso», mas está em jogo a possibilidade de exercitar os direitos humanos, dos quais os direitos religiosos são uma parte importante e irrenunciável. Portanto, não se trata de fazer um favor aos cristãos, mas antes de tudo de realizar a justiça para todos os homens, independentemente de sua fé. Para isso, é necessário um empenho da comunidade internacional que não falhou quando estavam em jogo outras questões.

Sobre esse assunto, observo que no passado recente, em várias ocasiões, foram feitas pressões em nível político, diplomático e econômico para levar determinado Estado a modificar o próprio comportamento ou para proteger direitos humanos violados: basta recordar o embargo americano contra Cuba e contra a Líbia de Gaddafi depois do atentado de Lockerbie, ou então o decretado pela ONU em relação ao Iraque depois da invasão do Kuwait. E lembro ainda as mais recentes pressões feitas pela Europa, com a Itália à frente, ao governo turco para esconjurar a execução da condenação à morte do líder do Partido dos Trabalhadores do Curdistão, Abdullah Ocalan, ou a que a União Europeia está exercendo em relação a Ancara para que modifique suas leis e seus comportamentos em matéria de direitos humanos, por exemplo abolindo a pena de morte ou reconhecendo os direitos do povo curdo. Um último exemplo diz respeito às campanhas de sensibilização e de pressão sobre os governos para que sejam sancionadas e combatidas as mutilações sexuais, em particular as femininas, ainda largamente praticadas em muitos países como herança de costumes tribais.

Considerando tudo isso, é preocupante o silêncio ensurdecedor e a omissão da diplomacia e das organizações internacionais no campo da liberdade religiosa, como se esse aspecto fosse algo marginal e desprezível.

63. Quais são as causas dessa omissão? Por que a defesa da liberdade religiosa parece interessar tão pouco à Europa e ao Ocidente?

Há dois motivos. O primeiro está ligado à importância das relações econômicas, comerciais e financeiras que ocorrem entre o Ocidente e certos países islâmicos, sobretudo a Arábia Saudita e alguns Emirados Árabes, mas também outros menos ricos e poderosos, porém mesmo assim significativos na esfera dos interesses econômicos. É evidente que é mais difícil levantar a voz ou fazer solicitações ou reivindicações quando estão envolvidos negócios de milhões de dólares... Levanta-se a voz (justamente) contra as violações perpetradas nos Bálcãs da Sérvia, mas se cala sobre violações dos direitos humanos na Arábia Saudita, sabendo bem que no segundo caso estão envolvidas as questões ligadas ao petróleo.

Deve-se reconhecer que o Ocidente tem grande respeito pelos direitos humanos, mas um respeito ainda maior pelas vantagens materiais; e se aparece um conflito ligado a interesses econômicos ou comerciais, os direitos passam para segundo plano. Se a defesa dos direitos humanos comporta o sacrifício das vantagens, renuncia-se apenas aos direitos, e não às vantagens.

O segundo motivo da omissão, intimamente ligado ao primeiro, é que os países europeus, cada vez mais condicionados pela cultura secular, consideram secundária a questão da liberdade religiosa porque entendem que a religião é algo ligado ao passado, pouco moderno, fonte de proble-

III. O DESAFIO DOS DIREITOS 125

mas e divisões, uma coisa a ser deixada no fundo da gaveta das diplomacias e pela qual portanto o mundo político não se mobiliza.

64. O que fazer, concretamente? Quais estratégias é possível adotar? A reciprocidade se destina a ser uma bandeira que periodicamente se agita por algo «irredutível» ou pode se tornar um tema passível de progresso e resultados concretos?

Uma boa oportunidade para retomar a questão é o que está acontecendo com os muçulmanos emigrados, que de maneira cada vez mais urgente clamam pela possibilidade de construir mesquitas e centros para a difusão do Islã na Europa. Então, por que não impor como condição que também em seus países de origem seja garantida a liberdade de expressão religiosa que justamente pedem aqui?

Além disso, poderia ser estabelecido que a ajuda ao desenvolvimento de alguns países seja acompanhada (e condicionada) pela possibilidade de edificar lugares de culto ou pela garantia de livre expressão dos cristãos e dos seguidores de outros credos religiosos que vivem naqueles países: refiro-me tanto àqueles que residem ali de maneira estável quanto aos estrangeiros que vão trabalhar por certo período de tempo. Seria uma espécie de condição *sine qua non* que caracteriza a cooperação econômica, estabelecida em vistas de um objetivo maior: aquele de maior liberdade para todos.

E a quem diz que isso significaria faltar à tradição de tolerância e de liberdade que caracteriza o Ocidente, gostaria de recordar que é justamente em nome dessa tradição que em tempos recentes se recorreu ao embargo ou a pressões diplomáticas e políticas, como vimos anteriormente. Portanto, por que não fazê-lo também por uma questão tão séria como a liberdade religiosa?

65. *Se a autorização à construção de mesquitas fosse condicionada a medidas semelhantes que deveriam ser tomadas nos países islâmicos em favor dos cristãos, os imigrantes muçulmanos seriam prejudicados, considerados erroneamente responsáveis pelas limitações impostas à liberdade religiosa nos países de origem de seus governantes. O senhor não acha que essa é uma visão equivocada?*

Não estou falando sobre os imigrantes individuais, isso seria insensato. Mas não nos esqueçamos de que frequentemente os governantes acusados de limitar a liberdade religiosa rebatem a questão afirmando que não se pode mudar nada porque «o problema é o povo» e que modificar certas leis ou certos costumes seria uma operação perigosa, o confronto com uma mentalidade consolidada há séculos.

Cito, a esse respeito, um episódio significativo: quando o presidente Anwar Sadat, nos anos de 1980, nomeou o cristão Boutros Boutros-Ghali ministro do Exterior do Egito, aconteceram durante vários dias protestos populares e manifestações públicas (fomentados também por grupos ligados à poderosa universidade islâmica al-Azhar) que levaram o presidente a revogar a nomeação. Então se disse: «Você está vendo? As pessoas não aceitam uma escolha tão diferente como a de confiar a gestão da política exterior a um não muçulmano, portanto não é possível ir contra os costumes».

Para retornar à questão da reciprocidade, entendo que para evitar o salto de responsabilidade entre governantes e população se deva pelo menos agir em duas frentes: de um lado, fazer pressão em nível diplomático, político e econômico (por exemplo com a fórmula das «ajudas condicionadas» às quais me referia antes) em governos que impedem o exercício efetivo da liberdade religiosa; por outro lado, pedir aos muçulmanos emigrados e às suas organizações – que se mostram tão ativas e capazes de mobilização para reclamar direitos no Ocidente – que trabalhem nesse sentido em relação às autoridades de seus países de origem.

É evidente que em ambos os casos é necessária uma condição preliminar, ou seja, uma sensibilidade mais acentuada por parte dos órgãos internacionais e da autoridade dos próprios países, e isso, por sua vez, leva à necessidade de uma mobilização por parte da sociedade civil e das Igrejas.

Enfim, acho necessário recordar que quem financia atualmente a construção da maioria das mesquitas no mundo são justamente a Arábia Saudita e alguns países do Golfo. Ou seja, os mesmos Estados que vetam em seu território a construção de qualquer edifício religioso não muçulmano e limitam fortemente a liberdade religiosa. A meu ver, esses capitais poderiam ser considerados como dinheiro «sujo», como aquele que sustenta o terrorismo, e poder-se-iam introduzir medidas adequadas para bloquear isso e impedir seu uso na Europa, ou pelo menos vinculá-lo a uma maior liberdade religiosa nesses países. O que se pede aos governos europeus é um mínimo de coerência. Trata-se de sua credibilidade! Mas é necessário um pouco de coragem: saberão demonstrá-la?

IV. O Islã entre nós

Islã europeu ou Europa islamizada?

66. *Depois do atentado às Torres Gêmeas de Nova York em 11 de setembro de 2001, veio à luz uma rede de organizações que, embora com diferentes estratégias, se imiscuíram em vários países europeus preparando ações violentas ou recrutando pessoal disponível para agir. O senhor acha que se trata de grupos radicais isolados da base das comunidades muçulmanas, ou o lado mais extremo de um projeto de islamização que havia sido denunciado há tempos, mas frequentemente minimizado?*

Com efeito, a descoberta de bases logísticas e operativas para a preparação de atentados e de pessoas acusadas de pertencer a formações terroristas em vários países europeus lança uma sinistra luz de atualidade sobre aquela que defini a corrente «violenta» da expansão islâmica.

Com relação ao conjunto da comunidade muçulmana, que na União Europeia conta com cerca de 12 milhões de fiéis, essa é uma área muito limitada do ponto de vista numérico, que conduz uma atividade clandestina e separada daquela das organizações islâmicas mais significativas, embora não faltem pontos de contato, como por exemplo o convívio em algumas mesquitas e centros islâmicos, especialmente nas grandes cidades. Muitos desses ativistas teorizam (e frequentemente praticam) o recurso à força pela afirmação do Islã em todo o mundo e apelam à *jihad* em sua acepção violenta[1].

Nos últimos anos, esse grupos agiram militarmente na Europa com atentados ou ações demonstrativas. Cito, por exemplo, alguns episódios atribuídos ao GIA (Grupo Islâmico Armado) argelino, como a bomba que explodiu em 13 de fevereiro de 1986 nos Champs Elysées (três horas depois, uma bomba seria desarmada no terceiro andar da Torre Eiffel), aquela que explodiu na Galeria Point Show de Paris, que provocou duas mortes e 29 feridos em 20 de março de 1986, e a explosão na área metropolitana da capital francesa em 25 de julho de 1995, na qual perderam a vida sete pessoas e outras 117 ficaram feridas. A respeito de inúmeros outros projetos arquitetados, mas não executados, estão em curso investigações das magistraturas de vários países europeus, inclusive a Itália. Também aqui os investigadores descobriram a existência de bases logísticas utilizadas em várias cidades para hospedar os militantes de «formações combatentes» em trânsito para outros Estados

---

(1) Cf. capítulo II, seção C.

ou ligados a organizações terroristas como o al-Qaeda, o «Grupo salafita para a prece e o combate», de origem argelina, e outros ainda.

Portanto, é possível falar de uma verdadeira rede que ao longo dos anos vem se estendendo em vários países europeus e que desperta preocupações legítimas. Mesmo porque é suficiente um número limitado de «combatentes» para aterrorizar um país inteiro como, fora da Europa, testemunham os casos da Palestina, da Argélia, da Indonésia, da região do Mindanao nas Filipinas. Não devemos nos esquecer, enfim, de que os grupos radicais, que constituem o caldo de cultura dessas formações, cresceram muito e aumentaram sua influência e a capacidade de recrutamento na «base» muçulmana.

67. Alguns observadores afirmam que a força das raízes religiosas e culturais e o controle exercido pelos países de origem permanecerá por muito tempo determinante sobre as comunidades imigradas na Europa e que isso representa um obstáculo à real integração e à criação de um «Islã» europeu. Para usar uma fórmula reducionista mas eficaz, em vez de chegar à europeização do Islã, corre-se o risco de um processo de islamização da Europa. Há quem aponte até mesmo o perigo de uma «invasão islâmica» como uma dinâmica que, agindo em nível cultural e religioso, utilizaria também os fluxos migratórios como instrumento para a difusão e a afirmação do Islã. Trata-se de temores alarmistas ou preocupações bem fundamentadas?

Antes de tudo, é preciso considerar a natureza do Islã que, como já vimos, se afirmou desde suas origens como uma mensagem e um projeto universalista: o Islã é um bem para todos os homens e todo o mundo foi feito para acolher sua proposta. Mas de que modo se pode realizar o projeto de conversão do mundo que já está contido *in nuce* no Alcorão? São três as tendências que se desenvolveram historicamente: a mais extrema (da qual falamos pouco) contempla o recurso à violência e à ação militar e é preciso observar que, infelizmente, em tempos recentes teve um aumento preocupante.

A segunda tendência, que podemos definir místico-espiritual, tem como objetivo o retorno dos muçulmanos à autenticidade perdida do Islã e a difusão da mensagem corânica entre os não muçulmanos, que se realiza debruçando-se também sobre a questão do sagrado, que está presente, mas ainda deve ser preenchido, em amplos setores da sociedade. A «oferta» de respostas transcendentes encontra terreno fértil na Europa seja entre ateus e agnósticos, seja entre muitos cristãos desiludidos pelo comportamento das Igrejas, que parecem cada vez menos capazes de interpretar suas exigências humanas e espirituais. E é nessa perspectiva que se pode compreender a difusão na sociedade ocidental de experiências como o budismo, o *New Age* e outros fenômenos espirituais e religiosos.

A terceira tendência, que em termos simplificados podemos definir sociopolítica, se propõe à islamização da sociedade como premissa para uma crescente influência política e para uma hipotética instauração de governos islâmicos. Como vimos anteriormente, essa orientação nasce em terra muçulmana, mas é aplicada também em outros contextos. Assim, quando os fluxos migratórios se dirigiram à Europa, os estrategistas dos movimentos integralistas elaboraram a teoria da islamização do Velho Continente que se expressava em livros e em *fatwa* promulgadas em diversas ocasiões e faz parte de um itinerário complexo destinado à construção de um domínio islâmico mundial, que pode ser alcançado apenas ao longo de muitos anos (e talvez sejam necessários séculos), mas que é considerado um movimento inelutável da história.

Vou dar três exemplos que, com diversos tons, ajudam a entender as dinâmicas da islamização que ocorre hoje.

Tempos atrás, um importante exponente muçulmano, o xeique libanês xiita Muhammad Hussei, Fadlallah, falando à televisão de Beirute no decorrer de um encontro com alguns expoentes cristãos, afirmou que o sistema democrático vigente na Europa representa a melhor oportunidade para a difusão do Islã no continente, o canal através do qual a mensagem do profeta pode transitar mais velozmente.

O segundo exemplo chega de Abdul-Hadi Palazzi, responsável pela AMI (Associações Muçulmanas Italianas), uma das organizações islâmicas que se candidatou a representar a comunidade muçulmana nas negociações para fazer um Acordo com o Estado italiano. Ele afirma que, no âmbito dos fluxos migratórios provenientes do norte da África e da Ásia, que desde os fins da década de 1970 se voltaram para a Itália e a Europa, «insere-se um projeto de política internacional por parte das organizações da Irmandade Muçulmana, [...] um movimento integralista que, por trás de uma fachada pseudorreligiosa, esconde o objetivo da criação de uma rede de controle da vida dos países islâmicos, usando o sentimento religioso para chegar a uma radicalização política. Essa organização decide estender sua influência também às comunidades de imigrantes da Europa Ocidental e, para tanto, muitos militantes são enviados à Europa com bolsas de estudo, oficialmente para conseguir um diploma, mas na verdade para constituir bases para a Irmandade. Na Itália, escolheu-se como centro operativo a Universidade para Estrangeiros de Perugia, e nessa cidade foi constituída a União dos Estudantes Muçulmanos na Itália (USMI), sigla pela qual a Irmandade Muçulmana inicialmente age». Palazzi diz que nos anos seguintes, e com o apoio de grandes financiamentos do exterior, foi criada uma rede de centros islâmicos em várias cidades, embrião daquela que no início dos anos 1990 se tornará a União da Comunidade e Organizações Islâmicas na Itália (UCOII), uma das outras formações que se destina a fomentar o Acordo com o Estado italiano[2].

O terceiro exemplo chega do arcebispo de Esmirna (Turquia), o monsenhor Giuseppe Bernardini, que por ocasião do Sínodo para a Europa ocorrido em Roma em outubro de 1999 mencionou as declarações pronunciadas por uma importante personalidade muçulmana durante um encontro oficial acerca do diálogo islâmico-cristão: «Graças às suas leis democráticas, nós os invadiremos; graças às nossas leis religiosas, nós os dominaremos». O próprio Bernardini acrescentou que os petrodólares que entram nos caixas da Arábia Saudita e de outros governos islâmicos são «usados não para criar trabalho nos países pobres do norte da África e do Oriente Médio, mas para construir mesquitas e centros culturais nos países cristãos de imigração islâmica, inclusive em Roma. Como não ver em tudo isso um claro programa de expansão e de reconquista?»[3].

68. *Na Europa se multiplicam mesquitas, centros islâmicos, escolas corânicas. E também alto-falantes que disseminam*

---
(2) Ver Silvio Ferrari (org.), *L'islam in Europa. Lo statuto giuridico delle comunità musulmane*, Il Mulino, Bolonha, 1996, págs. 296-303.
(3) Cf. Francesco Ognibene, «L'islam vuole invadere l'Europa?», *Avvenire*, 14.10.1999.

IV. O ISLÃ ENTRE NÓS

a prece nos bairros, modos de vestir, preces coletivas recitadas nas ruas e nas praças: o que expressa essa simbologia muçulmana que se torna cada vez mais difundida?

Expressa substancialmente um forte desejo de afirmar a presença islâmica no espaço público, fora do espaço privado e familiar, e frequentemente se enquadra na mesma lógica de islamização que descrevemos antes. Não é absolutamente minha intenção alimentar alarmismos, mas com base em um certo conhecimento da história do Islã e pela experiência pessoal feita em muitos países muçulmanos, gostaria de evidenciar alguns aspectos que talvez fujam ao entendimento de vocês ocidentais e que são altamente significativos.

Penso, por exemplo, na importância atribuída ao aspecto exterior: vestir-se de certo modo, cobrir-se com o *hijab*, manter a barba comprida é muito mais que uma moda (como se poderia pensar na Europa) ou que o respeito por uma tradição (como é para certas populações africanas ou asiáticas): significa, na verdade, reforçar uma identidade que é ao mesmo tempo religiosa, cultural e social. Nos países islâmicos, em torno a esse tema se desenvolveram verdadeiras contendas políticas entre os governos ou as tendências liberais de um lado, e as correntes integralistas e radicais de outro.

Recordo que nos anos 1980 o governo egípcio proibiu o uso da barba, pois ela era considerada um símbolo típico da Irmandade Muçulmana. Lembro dos inúmeros cartazes durante a presidência de Nasser (1952-1970) que pipocavam pelas ruas das cidades egípcias, com os dizeres «O costume popular é melhor que a *jallabiyya*», ou seja, que o hábito tradicional dos camponeses. Nasser tinha consciência de que era importante «superar» aquele hábito para fomentar uma mudança de mentalidade e uma abertura à modernidade, e estabeleceu uma campanha para controlar a opinião pública e combater a influência dos movimentos radicais, que faziam de um certo tipo de vestuário o traço reivindicatório da identidade islâmica.

Falando de elementos simbólicos, o mais significativo é obviamente a mesquita com cúpula e minarete, à qual frequentemente se acompanham alto-falantes e outras facilidades de amplificação do som para difundir o apelo à prece da maneira mais ampla possível: é um modo de conseguir a islamização de todo o espaço, tanto do auditivo como do visual[4].

Também a prece coletiva recitada nas praças e nas calçadas, ou as manifestações públicas por ocasião do *Eid al-Fitr*, a festa que assinala o fim do jejum de Ramadã, são outras maneiras de marcar visivelmente a presença islâmica, de afirmar a existência de um novo protagonista que é lançado na cena pública com sua radical alteridade e irredutibilidade. Por outro lado, noto que o cidadão ocidental comum, secularizado e desencantado, considera tudo aquilo uma forma de manifestação folclórica, um dos tantos sinais da sociedade multicultural, e não percebe seu significado altamente evocativo. Se, por exemplo, dezenas de pessoas se prostram para a prece em uma sexta-feira em Milão na Piazza del Duomo, como já ocorreu, «tomam posse simbolicamente» da praça mais importante da cidade. Fico surpreso de que não se perceba a dimensão sociopolítica desse ato. No entanto, bastaria aplicar as leis que valem para todos: a rua ou a praça são lugares públicos e ninguém pode

---

(4) Para a problemática ligada à mesquita, ver mais adiante as perguntas de 86 a 88.

ocupá-los se não houver permissão para tal. Esse princípio vale tanto para a prece muçulmana da sexta-feira quanto para uma procissão católica.

69. *Um dos símbolos mais controversos é o foulard tradicional usado pelas meninas, que já foi durante muito tempo motivo de grandes polêmicas, especialmente nas escolas francesas em que muitos diretores o proibiram, considerando-o um símbolo de ostentação da própria diversidade e de recusa à integração.*

Nesse caso, para entendê-lo se deve partir daquilo que ocorre em muitos países islâmicos: o *foulard* é há muito tempo um símbolo utilizado pelos movimentos radicais para reafirmar sua posição alternativa em relação ao poder. Tornou-se o uso instrumental, com finalidades sobretudo políticas, de um costume muçulmano: não é por acaso que alguns governos (por exemplo na Síria, na Tunísia ou na Turquia) tenham expressamente proibido usá-lo nas escolas e nas repartições públicas, querendo assim impedir o crescimento dos movimentos radicais. De outra parte, deve-se reconhecer que muitas meninas usam o *foulard* por convicções religiosas pessoais, mesmo se às vezes sob influência de alguns adultos (pais, imã).

O resultado dessa dupla realidade é a ambiguidade do símbolo, e isso explica a verdadeira dificuldade de administrar o problema em um contexto pluralista como o europeu. Portanto, os responsáveis pelas escolas e pelos lugares em que o problema se apresenta, levando em consideração a situação concreta que devem administrar, é que têm de avaliar as reais intenções e o motivo das escolhas das meninas envolvidas e de suas famílias. É uma questão que pode ser resolvida através de um diálogo racional e motivado, mais útil que medidas gerais que não levam em conta os diferentes contextos.

70. À luz das considerações feitas até agora, pode-se afirmar que esteja em ação uma espécie de «longa marcha» do Islã dentro das sociedades europeias?

Das comunidades muçulmanas chegam sinais que denotam percursos e estratégias diferentes. Há quem pense em uma penetração da Europa que utilize os instrumentos próprios das democracias ocidentais como o pluralismo e a liberdade de expressão, mas há também quem não faça nada mais além de praticar a fé em nível privado ou mesmo em suas manifestações coletivas, sem que essas práticas culminem em projetos de expansão religiosa, social ou política.

É interessante aquilo que ocorre entre os jovens. No interior da segunda e talvez da terceira geração de imigrantes, há aqueles que elaboraram uma posição que concilia os valores do Ocidente com os da identidade islâmica, e agem com comportamentos diferentes dos praticados nos países de origem ou pelos pais da primeira geração. Refiro-me, por exemplo, a muitos jovens do Magreb que têm orgulho de ser ao mesmo tempo franceses e muçulmanos, e que souberam fazer uma síntese em nível pessoal entre Islã e laicidade.

Por outro lado, para avaliar os objetivos de um possível fenômeno de «islamização silenciosa», não se deve subestimar o fato de que a emigração, sobretudo a juvenil, é uma espécie de válvula de escape que permite a certos governos dos países em vias de desenvolvimento diminuir as tensões sociais que derivam das altas taxas de desemprego, da pobreza e das agruras da população. Porém, a fuga de centenas de milhares de «insatisfeitos» pela costa meridional do Mediterrâneo pode reproduzir as mesmas tensões sociais na Europa, onde os primeiros a pagar pelas crises econômicas e ocupacionais são frequentemente os imigrantes. Portanto, entre os muçulmanos em emigração, e também pela influência da propaganda feita pelas organizações mais radicais, difunde-se a convicção de que o retorno a uma prática rigorosa da fé é a única verdadeira alternativa às suas dificuldades.

Isso os torna mais sensíveis às recriminações de quem continua a cultivar o sonho da islamização da sociedade na Velha Europa, em que as certezas e as referências religiosas e culturais são cada vez menos difundidas e estagnadas, e que se apresenta por isso como um terreno no qual a expansão é mais rápida.

Por outro lado, os Estados europeus não podem, por medo de uma invasão cultural e religiosa, abdicar dos princípios de democracia, pluralismo e liberdade que caracterizam seus sistemas jurídicos e legislativos. No plano formal, a única coisa que pode fazer é reafirmar a liberdade de culto e de expressão social, desde que os pedidos feitos em nome da fé islâmica não venham acompanhados da reivindicação de mudar as regras da convivência civil.

Mas tenho certeza de que é pouco promissor limitar-se a uma atitude defensiva. Tanto a imigração quanto o crescimento das comunidades muçulmanas representam para os europeus uma provocação da história, algo que na linguagem cristã pode até ser definido como um evento providencial. De fato, essa nova situação os leva a se questionarem sobre aquilo que dá consistência à sua sociedade, sobre os modelos de uma convivência possível, sobre as regras que devem governá-la.

71. Na União Europeia vivem cerca de 12 milhões de muçulmanos, uma parte dos quais possui nacionalidade do país em que reside. Portanto, é impróprio chamá-los de imigrantes, ou marroquinos, argelinos, tunisianos, turcos: são cidadãos daquele país. Lenta, mas inexoravelmente, vai se transformando o próprio DNA do Velho Continente, que se torna cada vez mais multicultural e multirreligioso. Quais dinâmicas são previsíveis entre a construção do edifício europeu e a presença desses novos inquilinos que reclamam cidadania e direitos?

Certamente é oportuno levar em conta as transformações que estão ocorrendo, mas acho necessário esclarecer quais são os pontos de referência imprescindíveis, do contrário corre-se o risco de se deixar levar pela emotividade e talvez pelas oportunidades políticas do momento.

Devo recordar, antes de tudo – sem intenções polêmicas, mas apenas por amor à verdade –, que esses 12 milhões de muçulmanos representam apenas 3% da população residente, e que os muçulmanos que têm cidadania dos países de residência são uma minoria realmente exígua em relação à população daqueles Estados. Uma minoria que certamente é muito visível, em parte amplificada e enfatizada pelos meios de comunicação, talvez também um componente que aumente cada vez mais, mas sempre uma minoria exígua. Na Itália, por exemplo, os cidadãos italianos de fé muçulmana são alguns milhares e representam menos de 0,1% da população italiana.

Mas do que é constituída a maioria? Ou melhor, o que tem em comum a maioria e, portanto – mais radicalmente –, sobre o que se fundamenta o edifício europeu que está sendo construído nesses anos? Quais são seus alicerces? Qual a bússola que pode orientar o caminho dos anos vindouros?

IV. O ISLÃ ENTRE NÓS

Embora não sejam muitos os que falam sobre isso – talvez porque não seja politicamente correto –, a história nos ensina que as raízes da civilização europeia são, em grande parte, embora não exclusivamente, cristãs. E é justamente o cristianismo que ao longo dos séculos soube conjugar-se com outras tradições culturais e religiosas, dando vida a uma civilização que é pluralista, mas nem por isso deve se tornar uma identidade indefinida, sem um núcleo que a fundamente e caracterize.

Isso significa que, quando se fala de Europa multirreligiosa, não se pode pensar em passar por cima de séculos de história, e que os novos componentes culturais e religiosos que chegam ao continente devem se harmonizar com aquilo que já está consolidado, que os «novos inquilinos» (para usar a expressão da pergunta) devem tomar seu lugar na casa comum que está sendo construída, mas não podem pretender uma outra construção *ex novo* especialmente para eles. A tese proposta por alguns expoentes muçulmanos (por exemplo Tariq Ramadan, o sobrinho de Hassan al-Banna, fundador da Irmandade Muçulmana) é que a Europa é praticamente multirreligiosa e os cristãos devem ter consciência de que não são mais a maioria. Acho que essa é uma visão duplamente equivocada: primeiro em nível estatístico, depois em nível cultural, pois até mesmo o italiano agnóstico é tão *culturalmente* cristão quanto eu, cristão-árabe, sou *culturalmente* muçulmano. Em outros termos, mesmo se os italianos não forem mais cristãos em sua totalidade, a maioria se declara ou se percebe cristã de fé, e se reconhece como tal.

72. Na extenuante construção da União Europeia, o debate sobre aspectos de natureza econômico-financeira e políti-

co-institucional até agora deixou de lado a reflexão ligada aos «fundamentos» do edifício europeu. Já na Carta dos Direitos Fundamentais aprovada em Nizza em dezembro de 2000 havia sido eliminada qualquer referência às raízes religiosas do continente e se optou por uma formulação mais genérica, limitando-se a recordar «o patrimônio espiritual e moral» dos povos europeus. Agora que os representantes dos vários países na Convenção se empenharam na elaboração da primeira Constituição europeia, surgem as principais questões quanto aos seus aspectos fundamentais, mas a tradição cristã parece estar destinada a ter um papel de Cinderela...

Tenho a impressão de que, em nome da corrida à modernidade, vocês europeus correm o risco de perder a memória. Para quem estuda com inteligência sua história, mas também para quem observa muitos de seus comportamentos individuais e coletivos, é evidente que os valores e ideais característicos do continente europeu são difíceis de explicar sem recorrer à tradição cristã que, junto à greco-romana e à hebraica, constitui seu fundamento. Eu mesmo, árabe de cultura muçulmana, que descobri a Europa nos anos 1950 e em particular a Itália nos anos 1970, percebo o quanto essa civilização europeia era incompreensível sem a referência à tradição cristã. E as mudanças ocorridas mais tarde nos costumes da Itália e de outros países não anularam essa impressão digital que mergulha suas raízes em séculos de história.

Até valores que foram durante muito tempo objeto de discussão, como a liberdade de pensamento ou a tolerância, ou como os direitos proclamados pela Revolução Francesa, não são plenamente compreensíveis sem mencionar sua origem judaico-cristã. E embora um pensamento de feição secular se esforce em lhe reivindicar a paternidade exclusiva e em sublinhar a absoluta alteridade em relação ao pensamento religioso, a contribuição deste último permanece determinante.

Não é por acaso que a concepção laica da separação entre Estado e Igreja e entre fé e política tenha se desenvolvido no Ocidente e parece inconcebível no mundo muçulmano. Como não é por acaso que a formulação mais límpida dos direitos humanos tenha nascido no Ocidente e encontre dificuldade para se difundir no mundo muçulmano. O motivo fundamental de tudo isso é a inspiração cristã da civilização ocidental, que também soube integrar ao longo dos séculos os valores laicos do helenismo e de outras culturas.

Justamente na laicíssima França, quando se fala de muçulmanos, eles são vistos como um componente de uma sociedade radicalmente diversa (embora nem por isso menos digna) daquilo que constitui o fundamento da nação e da cultura daquele país. Formalmente, e em nome da laicidade, se nega a dimensão sociocultural do cristianismo: até mesmo quando você se relaciona com os muçulmanos, não pode fazer nada além de considerá-los «outro». Mas «outro» em relação ao quê, se não àquilo que constitui o fundamento da nação transalpina, como de outras nações, e que possui uma forte raiz (mesmo que não única) no cristianismo?

Para retornar à pergunta, o risco que vejo pender sobre o gigantesco caminho que foi aberto para dar uma nova feição ao Velho Continente é que a Europa se torne um boneco sem alma. E que portanto se construa um edifício com fundamentos frágeis, um gigante com pés de barro.

O papel dos conversos

73. Dentro do universo islâmico que vem se consolidando na Europa, uma minoria numericamente pouco significativa (na Itália as estimativas giram entre 10 mil e 20 mil), mas que goza de certa visibilidade, especialmente nos meios de comunicação, é representada pelos conversos. Quais são, em sua opinião, as razões que levam um europeu a se aproximar do Alcorão?

Partindo da premissa de que cada conversão é um fato que pertence ao mistério da liberdade de qualquer homem, e que qualquer tentativa de explicação tem em si margens mais ou menos amplas de aproximação, é possível ainda assim formular algumas considerações.

Sabe-se que na Europa se difundiu um certo interesse por propostas existenciais fortes, que resultam mais fascinantes que um certo modo de viver o cristianismo um pouco insosso, feito de meias medidas, de dúvidas e temores, de alguns «talvez» e de muitos «não sei», mais que de afirmações e certezas. O Islá transmite segurança, senso de pertencimento, e propõe uma série de prescrições que dizem respeito à existência total: deve-se orar de tal maneira, deve-se comportar e comer dessa forma. Há quem possa se sentir fascinado por uma existência ordenada segundo regras bem determinadas e que parecem um refúgio reconfortante em relação ao relativismo que se expande cada vez mais.

Uma categoria particular de conversos são aqueles que se aproximam do Islá por motivos que podemos dizer «matrimoniais». Como se sabe, uma mulher muçulmana não pode se casar com um homem de outra fé; portanto, para que o enlace seja considerado válido sob o aspecto religioso, é necessária a conversão do futuro marido, que é preparada e «certificada» por uma autoridade islâmica. Mas existem também mulheres que fazem sua profissão de fé islâmica depois de ter se casado com um muçulmano.

Outras pessoas ficam apaixonadas por causa de uma viagem ao exterior, de leituras espirituais ou depois de um encontro e da amizade com algum imigrante muçulmano residente na Europa. Outros ainda se convertem porque estão «desiludidos» com a política: são ex-militantes que frequentemente já têm anos de experiência nas fileiras da extrema direita ou da extrema esquerda, e que reelaboram seu compromisso civil à luz das categorias culturais do Islá. Eles se reconhecem em uma representação do Islá como «alternativa ao sistema», para a qual confluem – mas são ao mesmo tempo sublimadas – motivações como a escolha em favor dos opressores, o resgate contra o neocolonialismo, a aversão ao consumismo, ao Ocidente e àquela que se considera sua religião por antonomásia: o cristianismo.

Resumindo, à parte os motivos ligados às «obrigações matrimoniais», os motivos mais poderosos que levam às conversões são substancialmente dois: a forte carga mística e espiritual que corresponde à busca do sagrado, muito difundida nas sociedades europeias, e o fascínio exercido por uma religião que tem em si uma notável carga totalizadora, impõe-se sem complexo de inferioridade sob a cena pública e reivindica modelos de vida que exigem uma visibilidade social.

O imaginário ideológico dos conversos tende a associar o Ocidente à cultura fraca de um lado, e o Islá à cultura forte de outro. Em uma sociedade cada vez mais secularizada, o indivíduo fica fascinado pelo apelo do aspecto religioso como parte integrante da dimensão individual e coletiva, e a atração exercida por uma fé que não persegue os indivíduos adulando e justificando suas fraquezas, mas se apresenta como alternativa total e totalizadora, é um fator decisivo. O Islã se propõe, ou é visto, como uma proposta integral, um prato de sabores fortes com relação às «sopas insípidas» que são servidas nas mesas ocidentais. Definitivamente, como uma resposta convincente a uma busca de sentido que permanece sem resposta.

Permitam-me uma observação final: não devemos esquecer que a possibilidade de praticar outra religião e de tornar sua profissão de fé pública é garantida pelo clima de liberdade que se desenvolveu na Europa sobretudo graças à concepção cristã da pessoa e da sociedade. Essa é uma coisa impossível ou muito difícil de ser encontrada nos países islâmicos devido à situação de intolerância da qual falamos anteriormente.

74. Os conversos, tendo nascido e crescido na Europa, podem representar uma «ponte» entre os imigrantes muçulmanos e a sociedade dos países que os acolhem?

Pessoalmente sou bastante cético a esse respeito, que no entanto é muito fascinante pelo potencial que oferece. Os conversos realmente gozam de muitas vantagens: além de ter pleno domínio da língua do país no qual vivem, conhecem a fundo seus hábitos, costumes e atitudes mentais. Mas nesses anos, tendo conhecido muitos deles, tive de constatar que em geral (com algumas exceções significativas) possuem um conhecimento limitado do Islã e de sua tradição, ou então fizeram uma ideia dela que pouco corresponde à realidade.

E além disso, pela experiência que pude ter em algumas nações, dentre as quais a Itália, devo constatar que infelizmente alguns deles não se distinguem pelo empenho no sentido de uma real integração dos muçulmanos, mas tendem mais a reforçar as diferenças irredutíveis entre o Islã e o país que os recebe. Isso ocorre provavelmente pelo fato de que seu encontro com a religião muçulmana chegou depois de um percurso intelectual e espiritual marcado pela rejeição dos valores do Ocidente.

Muitos conversos assumem posições radicais (e isso ocorre em todas as religiões), talvez para justificar diante de si mesmos a mudança de rota que fizeram. É necessário muito equilíbrio, por parte de quem mudou de estilo de vida, para metabolizar tanto a primeira como a segunda escolha. Decerto, a maioria dos muçulmanos imigrantes na Itália tem como principal objetivo uma vida decorosa para si e para sua família; portanto não tem tempo nem vontade de se dedicar aos aspectos «políticos». Os conversos, ao contrário, fazem frequentemente da dimensão sociopolítica seu cavalo de batalha, e lutam para reivindicar um estatuto particular ou algumas exceções às normas gerais erguendo-se como porta-vozes da comunidade inteira. Alguns, até mesmo no modo de vestir-se ou em seu comportamento, se distinguem por uma atitude «exótica», para afirmar sua diversidade, enquanto geralmente os imigrantes procuram manter um perfil discreto e não procuram a ostentação. Em suma, frequentemente os conversos parecem mais muçulmanos que os próprios.

75. O senhor acha que possa haver jovens, as segundas e terceiras gerações de imigrantes, que sejam protagonistas de um desejável processo de integração do Islã nas sociedades europeias?

Cada emigração é por si só uma ocasião de encontro com a diversidade e portanto oferece oportunidades de trocas, de enriquecimento recíproco, de transformações que atingem sobretudo quem chega, mas também quem recebe a experiência.

À primeira vista, superficialmente, pode-se concordar a respeito do fato de que quem nasceu em emigração – ou então quem passou os anos da adolescência e da juventude, portanto aquele período em que a personalidade se afirma – possui os instrumentos para entender mais os mecanismos e os valores que regulam a convivência, para poder apreciar as vantagens em relação àquelas do país dos pais, e para se tornar portanto estandarte de uma relação menos conflituosa que aquela que caracterizou as gerações que o precederam.

Além disso, não se deve esquecer que os jovens têm um forte desejo de identificação com o grupo dos coetâneos, e portanto são levados a assimilar e a tomar como próprios os valores, atitudes e tendências dos colegas para não se sentirem excluídos, para se tornarem realmente «um deles». Se surge um conflito entre os valores da tradição e aqueles encontrados na escola ou no grupo dos coetâneos, é bastante provável que os segundos prevaleçam sobre os primeiros (especialmente entre as garotas muçulmanas, para as quais as diferenças são mais evidentes e agudas), e o conjunto dessas mudanças produz ao longo do tempo uma modificação no modo de perceber ou de exprimir até a própria identidade cultural e religiosa. Também podem surgir contrastes dentro do núcleo familiar, que frequentemente tende a permanecer ancorado nos valores tradicionais, e esses contrastes já chegaram até a se tornar assunto de livros, filmes, representações teatrais, músicas. Tudo isso levou justamente alguns observadores a deduzir que os jovens são a nova fronteira de um

Islã cada vez mais europeu, aberto aos valores da secularização e da modernidade.

Porém, um olhar atento permite perceber também sinais muito diferentes: eu me refiro, por exemplo, àquilo que ocorre em certos *banlieues* [subúrbios] parisienses ou nos bairros árabe-muçulmanos de algumas grandes cidades europeias. Ali os jovens são justamente protagonistas do chamado «retorno ao Islã», uma reapropriação das raízes em nível radical e antiocidental, feita de rigor e de intransigência, que interpreta o pertencimento religioso como um fator de oposição, que busca em primeiro lugar se sobrepor à sociedade em que vive, muito mais que a integração com ela. E nesse caso são frequentemente os filhos que acusam os pais de terem «traído» o patrimônio original, de terem se afastado do verdadeiro Islã. Esse conflito interno na comunidade muçulmana às vezes é fomentado pelas organizações radicais que procuram levar os mais jovens a posições distantes da perspectiva de integração e de favorecer tudo aquilo que tende à oposição com relação ao Ocidente.

76. Para concluir, quais são os fatores que podem favorecer um processo de integração do Islã na Europa?

Acho que a coabitação em uma sociedade onde valem princípios fundamentais como o respeito aos direitos da pessoa, a igualdade entre homem e mulher, a democracia e o pluralismo, a liberdade religiosa, a separação entre religião e Estado, ao longo do tempo, pode influenciar positivamente as comunidades muçulmanas. Mas isso não é um processo automático, e para facilitá-lo são necessárias algumas condições.

1) *Da parte das autoridades governamentais*, são necessários tanto um extremo rigor em confirmar os princípios

mencionados acima, que permitiram à Europa se tornar farol de civilidade e terra de acolhimento e de liberdade, como a aceitação daquelas especificidades do Islã que não entrem em conflito com o ordenamento jurídico e legislativo e com os costumes consolidados pelos vários países. É significativo, a esse respeito, um debate na Grã-Bretanha: entre outras coisas, o ministro do Interior do governo trabalhista [1997-2010], David Blunkett, propôs uma campanha para fomentar a integração das várias comunidades estrangeiras, às quais se pediu que adotassem «normas de comportamento britânicas». «Não se pode tolerar a intolerância apenas porque é mascarada como diferença cultural», declarou o ministro, referindo-se à explosão de conflitos (que de resto a sociedade britânica já conheceu em sua longa experiência de terra de imigração) ligados ao fato de que as comunidades estrangeiras insistem por um lado em declarar-se inglesas e, por outro, reclamam o direito de manter inalterados os hábitos ligados às suas culturas de origem[5].

Altamente indicativa da atualidade da questão é a polêmica ocorrida na Alemanha a propósito da chamada *Leitkultur*, a «cultura de referência» para todos aqueles que residam em solo alemão. É significativo que o termo *Leitkultur* tenha sido cunhado por Bassam Tibi, um politólogo alemão de origem síria e de fé muçulmana que se declara «favorável à diversidade cultural mas firmemente contrário ao multiculturalismo» e às tentativas feitas pelas organizações muçulmanas radicais que, «em nome dos direitos da comunidade e do direito à salvaguarda da identidade

---

(5) Ver a esse respeito «Immigrati, la sfida inglese. Un test per vivere da noi», *La Repubblica*, 10.10.2001.

cultural, pretendem que a charia possa ser aplicada aos muçulmanos imigrantes na Alemanha. Como muçulmano liberal, sou contrário a isso: a charia seria contrária à laicidade que prevalece na Europa e às constituições europeias»[6].

2) *Da parte dos muçulmanos*, é necessário que cresça o desejo de sentir-se realmente cidadãos da sociedade em que criaram raízes, sem ambiguidades e nostalgia, e sem achar que apenas a importação dos modelos jurídicos vigentes em seu país de origem possa consentir a plena expressão da fé religiosa, que por sua vez é assegurada por um sistema de garantias e de liberdade válido para todos.

3) Finalmente, em nível elementar, *no plano da vida cotidiana*, podem ser decisivos os processos de inserção escolar, que têm um papel fundamental nas dinâmicas da integração; como também a inserção das mulheres muçulmanas no mercado de trabalho, uma experiência que pode fazer crescer os processos de emancipação de uma situação de inferioridade e submissão. Grande importância adquirem até mesmo aspectos simples, como as relações de vizinhança de uma casa, a convivência no ambiente de trabalho, tudo aquilo que favorece o mútuo conhecimento e a troca, mais que a afirmação das diferenças a todo custo. Viver juntos no cotidiano me parece fundamental para favorecer a integração e reforçar a solidariedade, desde que, como eu dizia, as autoridades tenham preliminarmente estabelecido regras claras para controlar a convivência e que não se dê margens de ambiguidade para quem, em nome do «respeito à diversidade», quer construir guetos muçulmanos na sociedade europeia.

---

(6) Bassam Tibi, «I valori occidentali come unico riferimento», *Focus*, dez. 2000.

Minaretes da Itália: as solicitações ao Estado

77. Vejamos agora a situação italiana. Em nosso país, vive um número de muçulmanos avaliado em torno de 700 mil, e que tende a aumentar, seja pelas novas chegadas ligadas a motivos profissionais e às reuniões familiares, seja pela taxa de fecundidade que, nas famílias islâmicas, é muito superior à média italiana. Estamos portanto na presença da segunda comunidade religiosa da Itália, que solicita o reconhecimento das próprias prerrogativas por parte das instituições...

Antes de prosseguir com a pergunta, acho necessário fazer uma observação que talvez pareça provocativa, mas que é essencial para esclarecer um colossal equívoco: afirmar que o Islã é hoje a segunda religião praticada na Itália é correto do ponto de vista estatístico, mas uma aproximação puramente numérica nesse caso é limitadora e pode dar margem a equívocos.

Explico-me: quando se fala de «segunda religião praticada na Itália», pensamos em algo que, vindo logo depois da primeira (ou seja, a cristã), diz respeito a milhões de pessoas. Ao contrário, trata-se de uma comunidade de 700 mil pessoas, equivalente a 1,2% da população inteira. Entende? A realidade é que estamos falando de 1,2% daqueles que vivem nesse país, mais que de «segunda religião».

A definição da Itália como país «multirreligioso» é na verdade ambígua: a presença de pessoas que se dedicam a crenças diversas – além do cristianismo em suas várias confissões, o Islã, o judaísmo, o budismo, o hinduísmo, etc. – não significa realmente que na sociedade italiana todas as fés tenham a mesma importância e o mesmo peso específico. É evidente que essa posição é uma espécie de armadilha para a tradição cristã, que é implicitamente desclassificada como uma realidade entre tantas, esquecendo-se a contribuição que ela deu à construção de sua civilização. A retórica do «multi» (multicultural, multirreligioso, multiétnico) tende a achatar todo o interior de uma igualdade diferenciada e sem vulto. Tenho consciência de que, quando digo isso, não sou «politicamente correto», mas sem dúvida é mais condizente com a realidade e a história desse país do que certas análises sociológicas que, em nome da tolerância e da solidariedade, falseiam as perspectivas e induzem a conclusões equivocadas em nível jurídico e cultural.

78. O artigo 8 da Constituição italiana estabelece que o Estado pode fazer acordos com os representantes das diversas confissões religiosas, e há tempos as maiores organizações islâmicas solicitam a abertura de uma mesa de conversações para chegar ao reconhecimento de algumas prerrogativas. O senhor acha que o Acordo é um instrumento adequado?

Antes de tudo, existem pelo menos duas considerações a fazer. Em primeiro lugar, há uma questão de método: quem tem direito de representar os muçulmanos na Itália? Esse é um nó muito difícil de desatar, seja porque – como já vimos[7] – o Islã não reconhece em seu interior nenhuma autoridade em nível jurídico, seja porque as organizações operantes na Itália são divididas entre si e reivindicam por várias razões e com diversas motivações o direito de representar as necessidades dos fiéis. Pelo menos quatro organismos muçulmanos diferentes são candidatos à realização do Acordo, e então o Estado deve lidar com uma multiplicidade de interlocutores, nenhum dos quais parece, além disso,

(7) Cf. pergunta 19.

ter dado até hoje suficientes garantias de representatividade – tanto é verdade que as tratativas para o Acordo ainda nem começaram.

O problema principal é que o Islã na Itália está atravessando uma fase de estabelecimento e de primeira articulação, e as comunidades ainda não apresentaram lideranças autênticas e reconhecidas. Por isso, não me parece inteligente insistir na realização de um debate oficial com órgãos cuja efetiva representatividade é um tanto dúbia e às vezes são objeto de contestação e de críticas feitas entre os diversos grupos. Talvez fosse mais oportuno tratar das solicitações mais urgentes, buscar o amadurecimento de uma comunidade ainda jovem e desarticulada e favorecer a formação de lideranças representativas das bases.

Minha segunda perplexidade está ligada à natureza do instrumento: o Acordo entre o Estado italiano e credos religiosos é muito desafiador para ambos os contraentes e corre o risco de ser mais um empecilho que uma ajuda para a solução dos problemas. Estes, ao contrário, poderiam ser vistos de uma maneira mais pragmática, usando do recurso de direito comum ou do quadro de tratativas em nível local, sem solicitar a intervenção do Estado ou dos representantes religiosos. Há um provérbio que, na sabedoria popular, exprime de maneira simples mas eficaz a atitude que se deveria ter diante desse problema: «Não se deve meter o carro na frente dos bois».

79. Tentemos então examinar as solicitações que, nos últimos anos, surgiram por parte de várias organizações e que estão contidas nas propostas do Acordo. Recordemos as mais significativas: pedidos de terrenos ou de financiamentos públicos para a construção de lugares de culto e mesquitas; ad-

ministração de áreas autônomas para a sepultura dentro de cemitérios já existentes ou abertura de verdadeiros cemitérios islâmicos; permissão para o corte halal (ou seja, efetuado segundo as prescrições corânicas); disponibilidade de cardápios islâmicos nas cantinas escolares e em escritórios; ensino da religião muçulmana nas escolas; presença de pessoal religioso em hospitais, prisões e quartéis; possibilidade de ausentar-se do trabalho ou da escola por ocasião das principais festividades do calendário muçulmano ou de suspender o trabalho para a prece ritual; reconhecimento, em termos civis, do matrimônio celebrado segundo o rito islâmico.

A matéria é extremamente complexa e controversa, e antes de prosseguir no exame das solicitações individuais é oportuno lembrar que nos movemos em um terreno de compatibilidade com os fundamentos jurídicos italianos. Não devem, portanto, ser discutidas algumas fortalezas como a secularização do Estado, a distinção entre ordem temporal e espiritual, a igualdade entre homens e mulheres, a liberdade de consciência. Estas, que a princípio podem parecer recomendações genéricas, são na realidade determinações preliminares de grande importância para evitar um entendimento ambíguo, feito em nome de uma também ambígua perspectiva multicultural com base na qual cada grupo social ou religioso pode exibir direitos em nome das minorias e do respeito às diferentes identidades.

Dito isso, creio que algumas solicitações feitas pelas organizações islâmicas podem ser atendidas com base nas normas já existentes na Itália. Dou alguns exemplos. A carne segundo os rituais islâmicos – que prescreve a degola dos animais para permitir a dispersão do sangue – já é praticada em algumas cidades italianas, respeitando-se as normas higiênicas e sanitárias. Além disso, sabemos que, devido às solicitações feitas por grupos numericamente significativos de estudantes muçulmanos, nas cantinas de algumas escolas já existem cardápios que levam em conta seus costumes alimentares.

A possibilidade, para as mulheres, de deixar-se fotografar nos documentos de identidade com o tradicional *foulard* islâmico foi reconhecida por uma circular do Ministério do Interior e já é de praxe. Há, porém, uma única e mais legítima condição: que os traços do rosto sejam fácil e claramente reconhecíveis, de outro modo, como se pode falar de documento de identidade? Pessoalmente tenho algumas reservas sobre essa prática: até os anos 1970, na maioria dos países muçulmanos, nas fotos dos documentos de identidade as mulheres apareciam com a cabeça descoberta. É a tendência radical islamista que progressivamente impôs, nas últimas três décadas, esse costume que contradiz o objetivo do documento. Cedendo a essa tendência, corre-se o risco de reforçar uma corrente que pretende se impor como a única autenticamente muçulmana.

A assistência religiosa dentro das penitenciárias, dos quartéis ou nos hospitais vem ao encontro de necessidades espirituais dos fiéis muçulmanos e pode ser administrada sem grandes dificuldades, com a condição de que os critérios de seleção e autorização do pessoal religioso sejam claramente definidos e que sua atividade não ultrapasse a esfera espiritual.

Ao contrário, fico perplexo com o pedido de construção de cemitérios islâmicos. Se o principal objetivo a ser atingido é a integração e se se procura aprender a difícil arte de viver juntos, por que impor a separação quando a vida terminou? Não seria um gesto profético se reunir para rezar lado a lado em um cemitério que acolhe todos os finados, cada um deles enterrado segundo as próprias tradições religiosas?

Minhas considerações ultrapassam aquilo que pode ser considerado lícito em nível estritamente jurídico: limito-me a formular um presságio ligado à perspectiva de construir uma convivência com vínculos fortes, e não uma sociedade em que cada um conquistou o direito de viver em sua própria ilha, mais ou menos fechada.

80. Entre os pedidos das organizações islâmicas, há o de considerar a sexta-feira como dia de repouso semanal ou de poder se ausentar da escola nesse dia para participar da prece comum, ou o de reconhecer como feriado algumas datas do calendário islâmico.

Mesmo que possa parecer paradoxal, na tradição islâmica o repouso semanal não tem um caráter especificamente religioso. Ao contrário: pensar que Deus descansa no sétimo dia da criação – conceito que justifica o repouso semanal no âmbito judaico-cristão – é considerado como um antropomorfismo que deve ser condenado. Deus não descansa nunca, nem o Alcorão afirma que o homem tem de repousar na sexta-feira. Mais que o respeito a um preceito religioso, foi a exigência de se adaptar aos padrões internacionais da jurisdição em matéria de trabalho – que determinam ao menos um dia de descanso na semana – que introduziu o descanso obrigatório mesmo nos países islâmicos. A única obrigação religiosa às sextas-feiras é a prece comunitária que se inicia ao meio-dia ou à uma da tarde, dura cerca de meia hora e é efetuada durante a pausa para o almoço, pelo qual resulta por si só compatível com o desenrolar das atividades trabalhistas normais.

Com relação ao pedido da sexta-feira livre (que, de

qualquer maneira, é formulada só em uma das propostas de acordo elaboradas até agora), aponto que uma pesquisa feita recentemente pela Fundação Agnelli de Turim verificou que, nos Estados de que provém a maioria dos muçulmanos residentes na Itália, a sexta-feira não é dia livre: Albânia, Senegal, Tunísia e Turquia escolheram o domingo, enquanto o Marrocos deixa livre escolha entre sexta, sábado ou domingo[8].

Concluindo: já que o descanso da sexta-feira não tem um fundamento doutrinal islâmico e não é praticado nos países de que provém a maioria dos muçulmanos que vive na Itália, por que justamente a Itália deveria se adequar a essa solicitação?

81. O que o senhor pensa da solicitação de poder interromper o trabalho para efetuar a prece ritual?

Recordo, antes de tudo, que a tradição islâmica permite reagrupar as cinco preces em alguns momentos do dia, em particular a primeira com a segunda (que podem ser feitas em casa, antes de ir para o trabalho), e a quarta com a quinta (que podem ser feitas no retorno), enquanto durante a pausa para o almoço é possível recitar a terceira. E isso é o que faz a maioria dos praticantes nos países muçulmanos.

Por outro lado, deve-se observar que apenas uma minoria cumpre as cinco preces rituais. Seria interessante, para ajudar a entender o que é o Islã real e antes de tomar decisões imprudentes, que qualquer instituto de sociologia se perguntasse sobre a «taxa de fidelidade» às cinco preces.

Além disso, a detalhada análise da Fundação Agnelli

---

(8) Cf. Roberta Aluffi Beck-Peccoz, *Tempo, lavoro e culto nei Paesi musulmani*, Fondazione Giovanni Agnelli, Turim, 2000.

que mencionei antes descobriu que nenhum Estado muçulmano, com exceção da Arábia Saudita, legislou sobre esse argumento: quase em todos eles as pausas para a prece são deixadas à livre iniciativa dos fiéis e frequentemente são reagrupadas em três momentos para que caiam fora do horário de trabalho, como ocorre por exemplo no islamicíssimo Irã.

Por outro lado, aqui na Itália, depois de alguns pedidos, já se permitiu aos trabalhadores de fé muçulmana poder suspender brevemente a atividade para a prece ritual: experiências nesse sentido foram feitas na província de Ragusa, onde os muçulmanos alcançam em alguns casos 30% da força-tarefa, no Biellese e no Vêneto, onde alguns empreendedores inclusive ofereceram temporariamente pequenos locais para a prece. Acho que, onde se registra uma presença significativa e se há um efetivo pedido por parte dos grupos de trabalhadores, podem ser estabelecidos localmente acordos nesse sentido, às vezes explicitados no contrato profissional, sem recorrer a instrumentos de tipo legislativos mais difíceis de ser alcançados e administrados e sem envolver o imã ou outras autoridades religiosas. Deveriam contudo ser concessões periodicamente verificadas com base em exigências reais, para evitar que se tornem direitos irrevogáveis.

Ou então se poderia pensar em uma norma geral, pela qual não seja necessário fazer acordos particulares entre trabalhadores e empreendedores, no quadro de flexibilidade das organizações trabalhistas. Em todo caso, acho que é oportuno desmistificar esse tema, contribuindo para evitar contraposições com base em princípios religiosos e buscando, ao contrário, soluções de acordo com uma ótica laica, realista e pragmática que tenha como objetivo favorecer a máxima integração possível no respeito a certas especificidades «compatíveis».

82. *Há também solicitações ligadas à introdução do ensino da religião islâmica nas escolas...*

Nesse caso, o pedido é decididamente mais desafiador. Para regular essa matéria com base nas normas italianas, é necessário recorrer à instrumentalização do Acordo, sobre cuja necessidade já me expressei. Limito-me a observar que a introdução do ensino da religião islâmica nas escolas exige uma série de esclarecimentos preliminares relativos aos programas, aos livros-texto e à escolha dos professores, que devem ser submetidos ao controle do Estado.

O bom senso aconselha também a estabelecer um número mínimo de alunos para poder organizar o ensino e partir apenas de um pedido explícito por parte dos interessados e de sua família. É evidente que as aulas deveriam ser dadas em língua italiana, para fomentar o processo de integração social, rejeitando eventuais solicitações de ministrar o ensino em árabe (motivadas pelo fato de que o árabe é a língua do texto sagrado do Islã), como ocorre nas escolas corânicas.

Sabemos, por outro lado, pelas experiências realizadas em algumas *Länder* alemãs, que surgiram problemas mais sérios. Algumas pessoas contestaram que a nomeação de professores turcos foi feita pelo governo de Ankara por causa da preponderância de estudantes turcos nas aulas: um fato que comporta uma interferência estrangeira e uma discriminação em relação aos jovens muçulmanos de outras nacionalidades presentes na escola. Há também quem tema a infiltração de pessoal docente ligado às organizações mais radicais, que poderia transformar a aula de religião em um exercício de feição antiocidental.

83. Um outro ponto muito controverso é o pedido de reconhecer o matrimônio charaítico, ou seja, celebrado de acordo com o rito islâmico.

É melhor sermos claros: aqui não estamos diante de um problema de rito, mas de substância. Como já vimos, a tradição islâmica reconhece certos princípios que não estão de acordo com a Constituição italiana: a poligamia, com a possibilidade para o homem de contrair ao mesmo tempo até quatro casamentos; o repúdio unilateral da cônjuge por parte do marido, sem recurso ao tribunal; a custódia paterna dos filhos em caso de divórcio, mesmo se até a idade de sete anos fiquem aos cuidados da mãe; a atribuição, aos filhos de sexo masculino, de uma cota dupla de herança com relação àquela reconhecida às mulheres; e a obrigação para os filhos, mesmo se batizados, de seguir a religião do pai. Esses são os aspectos mais notáveis do casamento islâmico, e todos eles são incompatíveis com o direito italiano[9].

84. Alguns observam que, justamente pelas inúmeras incompatibilidades com a jurisdição italiana, não se pede o reco-

---

(9) Ver também a pergunta 50. Alguns especialistas estudam propostas para tornar compatíveis alguns aspectos do casamento islâmico com o direito italiano introduzindo uma espécie de «duplo binário» (com base no credo religioso dos cidadãos), que prevê o reconhecimento de certas prerrogativas em nível pessoal, sem consequências no plano civil. Ver, a esse respeito, a contribuição de Cristina Campiglio, «Famiglia e diritto islamico. Profili internazionali-privatistici», in Silvio Ferrari (org.), *op. cit.*, págs. 175-185, e a de Pierpaolo Donati, «Le regole per una convivenza possibile: i nodi familiari», in Con-vivere la città, Nautilus, Bolonha, 2007, págs. 67-86.

nhecimento dos efeitos civis, mas simplesmente a possibilidade de celebrar um casamento que tivesse apenas valor religioso...

Exato. Porém, como vimos, na mentalidade muçulmana o plano civil e o religioso não são tão facilmente separáveis. Corre-se o risco de multiplicar situações anômalas que já existem hoje, como aquela de homens muçulmanos já casados com uma mulher contraírem um matrimônio charaítico com uma outra, casamento que na Itália não tem valor jurídico mas que efetivamente contribui para criar uma situação ambígua e que pode ser fonte de prevaricações e injustiças.

Por outro lado, quero lembrar que, segundo as regras do direito internacional privado, as relações pessoais e patrimoniais entre os cônjuges são reguladas na Itália pela lei nacional do país de proveniência, e esse princípio se aplica também às relações entre pais e filhos. Portanto, os muçulmanos estrangeiros que estão em território italiano são submetidos ao direito islâmico segundo o formato que este recebeu nos respectivos países de origem.

Aqui surge uma questão importante, e temo que aconteça cada vez mais frequentemente, com a multiplicação das famílias provenientes de países islâmicos: o juiz italiano sempre deve aplicar as normas charaíticas, mesmo quando elas evidenciam brutalmente a supremacia do homem sobre a mulher e impõem limites evidentes aos direitos da mulher? Não deveriam ser rejeitadas por ferirem os princípios de igualdade entre os sexos e serem portanto contrárias à ordem pública?[10]

---

(10) O argumento é tratado de maneira sistemática e orgânica por Roberta Aluffi Beck-Peccoz (org.), *Le leggi del diritto di famiglia negli Stati arabi del Nord-Africa*, págs. 27-31.

No geral, estou convencido de que até mesmo em matéria familiar não se deve encorajar o surgimento de uma espécie de «direito comunitário» paralelo, estabelecido com base no credo religioso dos cidadãos.

85. *Além das solicitações que examinamos até agora, qual é a perspectiva em que as instituições públicas deveriam trabalhar?*

É absolutamente necessário fomentar a máxima integração possível na sociedade italiana. Trata-se certamente de garantir a liberdade de expressão religiosa (que, de resto, já é reconhecida pela Constituição italiana), evitando porém equívocos entre religião e política e entre direitos individuais e direitos de uma comunidade, como ocorre nos países islâmicos em que o horizonte de referência é substancialmente o de um Estado confessional.

A laicidade é uma aquisição da qual a sociedade civil e o Estado não podem prescindir e que pode representar uma oportunidade para fomentar um processo de modernização que, embora de maneira contraditória e não linear, está ocorrendo no mundo muçulmano.

A mesquita, uma igreja muçulmana?

86. *Vejamos o tema da mesquita, que periodicamente suscita discussões e polêmicas.* A opinião pública italiana considera comumente que a mesquita constitui para os muçulmanos o lugar de culto por excelência, e que portanto os critérios que governam a concessão de terrenos ou edifícios para a construção devem ser análogos àqueles seguidos pelas igrejas. No fundo, pensa-se que a mesquita não é nada mais que uma «igreja

muçulmana». *O que representa, do ponto de vista de um muçulmano, um lugar como a mesquita?*

Acho que, antes de tudo, é necessário fazer uma pergunta metodológica: quando se discute isso com outros argumentos, deve-se partir do objeto e não do prejulgamento ou do suposto conhecimento a respeito do assunto. Há uma tendência ambígua a pensar que, em termos gerais, o outro é idêntico a mim, ou pelo menos parecido. Ao contrário, devemos reconhecer o outro como diferente, se não quisermos «anexá-lo» culturalmente e permitir que surjam e se desenvolvam equívocos.

Portanto, indo ao objeto da discussão, deve-se antes de tudo esclarecer que a mesquita não significa uma igreja muçulmana, é algo absoluta e radicalmente diverso. Para entender seu significado e sua função, não se pode partir da tradição cristã ou da mentalidade ocidental, mas se deve olhar para o Islã, sua natureza e sua história.

Na tradição árabe há dois termos relacionados à mesquita: *masjid* (passado para o espanhol sob a forma *mezquita* e dali para as várias línguas europeias) e *jami'*. Este último vocábulo é o mais difundido no mundo árabe-islâmico. A primeira palavra deriva da raiz *s-j-d*, que significa «prostrar-se»; a segunda, da raiz *j-m-c*, que significa «recolher». A mesquita é o lugar em que a comunidade se recolhe para discutir tudo aquilo que diz respeito a ela: a prece, mas também as questões sociais, culturais, políticas. Todas as decisões da comunidade são tomadas nessa sede: querer limitá-la a um lugar de prece equivale, portanto, a violentar as tradições muçulmanas.

A sexta-feira (*yawm al-jumu'a*) é o dia em que a comunidade se recolhe. Encontra-se ao meio-dia para a prece pública, à qual se segue a *khutba*, ou seja, o discurso, que não se parece com a homilia feita pelos sacerdotes durante a missa, mas diz respeito às questões mais importantes do momento, portanto bem distante dos aspectos espirituais. Em muitos países muçulmanos – por exemplo no Egito, o mais populoso Estado árabe –, na sexta-feira, as mesquitas são vigiadas pelas forças da ordem. Sabe-se o motivo: muitas decisões políticas partem da mesquita, durante a *khutba* da sexta-feira. Os historiadores do Islã sabem que em muitos casos as revoluções e os levantes populares partiram das mesquitas e que o *jihad* frequentemente é proclamado durante a *khutba*. Também por isso, em muitos países muçulmanos o texto do discurso deve ser previamente avaliado pelas autoridades civis.

87. Portanto o senhor julga um erro considerar a mesquita como um lugar de culto?

Mais que dar minha apreciação pessoal, consideremos a opinião que prevalece entre os muçulmanos. Considerá-la um lugar de culto é errado e limitador; como também é enganoso, falando da construção de mesquitas, fazê-lo em nome da liberdade religiosa, visto que essas não são apenas edifícios religiosos, mas lugares que têm uma função também cultural, social e política.

Não se pode esquecer que o lugar dedicado à prece da sexta-feira é considerado um espaço sagrado do Islã e é sempre apanágio da comunidade, que decide quem tem a faculdade de ser admitido ali e quem, ao contrário, o profanaria.

Frequentemente, existem nas cidades dos países muçulmanos pequenos espaços, chamados *musalla*, ou seja, lugar de prece (*salat*). São uma espécie de «capela» que pode comportar algumas dezenas de fiéis e se localizam muitas vezes no plano térreo de uma casa, no lugar de um cômodo. Esses espaços, mais discretos, em geral são utilizados quase unicamente para a prece do meio-dia das pessoas que chegam das ruas ou casas vizinhas.

As mesquitas têm normalmente um minarete (*manara*), em que o muezim (*muadhdhin*) faz o apelo à prece (*adhan*). Esses minaretes têm uma função prática e são um pouco mais altos que as casas que os circundam. Frequentemente assumiram na história uma função simbólica, de afirmação da presença muçulmana, e às vezes uma função política de afirmação da superioridade do Islã sobre outras religiões, mas seu objetivo principal é permitir que a voz do muezim chegue a quem mora nos arredores. Neste século, muitas vezes foram instalados megafones ou alto-falantes nos minaretes (sobretudo se nos arredores houver uma igreja ou um bairro cristão), e os muezim acrescentaram outras frases ao apelo à prece, prolongando-o no tempo. Mas essas inovações são contrárias à tradição muçulmana e os países muçulmanos mais ortodoxos as condenam, como por exemplo a Arábia Saudita, embora a condenação não tenha mudado os hábitos que já se haviam consolidado. Em outros Estados, como o Egito por exemplo, o uso do megafone é limitado apenas ao apelo (que dura cerca de dois minutos) e é proibido para a prece do amanhecer, uma proibição que frequentemente não é observada. Também o recurso aos gravadores para lançar o apelo, que acontece apenas na Europa, é considerado contrário às tradições.

Além de todas as considerações históricas e «litúrgicas» que expus, devemos também nos perguntar quem financia a construção e a manutenção das mesquitas, não para se intrometer nos negócios alheios, mas em virtude do princípio com base no qual «quem paga manda». Não é um segredo para ninguém que muitas mesquitas e centros islâmicos da Europa são financiados por governos estrangeiros, em particular pela Arábia Saudita, que impôs também imãs de sua confiança. Ora, é bem sabido que no mundo islâmico sunita a Arábia Saudita representa a tendência mais rígida, chamada wahhabita. Não acho que esses imãs possam ajudar os imigrantes a inserir-se na sociedade ocidental nem a assimilar a modernidade, condições necessárias para uma convivência tranquila com as populações autóctones.

88. O que fazer, então? Como se comportar, por exemplo, diante da multiplicação dos pedidos de terrenos para construir mesquitas?

Permitir aos muçulmanos de pregar por si sós, uma vez que sejam respeitados as regras e os costumes próprios da sociedade ocidental. Por exemplo, não é possível ocupar as ruas, calçadas ou praças, coisa que infelizmente ocorre em certos países muçulmanos, como se a prece estivesse acima da lei, e que está se difundindo até mesmo na Itália, frequentemente «justificada» pelo fato de que não há espaço dentro das mesquitas minúsculas. Ou então, não se pode perturbar as pessoas às cinco da manhã ou às dez da noite, lançando com o megafone o apelo à prece. Devo recordar, além disso, que segundo a lei islâmica é possível pregar em qualquer lugar: em casa, na rua, no trabalho, nos campos. Portanto, para as preces comuns não é necessário ir à mesquita, pois o «mundo inteiro é a grande mesquita», como diz Maomé em um *hadith*[11].

---

(11) Cf. Arent Jan Wensinck e J. P. Mensing, *Concordance et indices de la tradition musulmane*, Brill, Leinden, 1943, II 424a). A sentença é encontrada em três das seis grandes compilações: Bukhari, *Anbiya* 40; Muslim, *Masajid* 1-3; Nisai, *Masajid* 3.42.

Pensando no contexto italiano, caracterizado pela presença de comunidades islâmicas espalhadas em pequenos centros, a solução mais adequada parece a dos *musalla* mencionados antes: nessas «capelas», os fiéis poderiam se encontrar comodamente para orar. Seriam também menos caras que os grandes edifícios, para os quais se torna quase inevitável recorrer a financiamentos de governos de outros países e de organizações internacionais islâmicas. Porém, há um risco: a multiplicação dos pequenos lugares de prece torna mais difícil o controle sobre os ensinamentos compartilhados.

Para concluir, sublinho mais uma vez que a mesquita não pode ser assimilada *tout court* à categoria dos «lugares de culto», sendo na concepção muçulmana um centro de agregação com valores culturais, sociais e políticos. Cabe às instituições públicas a tarefa e a responsabilidade de verificar atentamente quais atividades se pretende desenvolver nos locais utilizados por aquela que genericamente é denominada «mesquita», quem são os responsáveis, quem administra, quem controla, quem financia. Não se trata de operações de polícia, e sim de garantias que obrigatoriamente devem ser oferecidas à cidade, aos seus habitantes, mas também àqueles que frequentarão o lugar. E é um bom antídoto contra aqueles que, talvez animados por sentimentos racistas, tendem a identificar qualquer lugar de prece dos muçulmanos como uma potencial base terrorista ou então como um lugar que deve ser considerado suspeito, mais que respeitado[12].

---

(12) Para uma análise mais aprofundada, recomendamos os artigos de Samir Khalil Samir, «La moschea: informazione e riflessione», *Avvenire*, 08.12.2000; e «Notte sulla moschea», *La Civiltà Cattolica*, 152, I, 3618 (2001), págs. 599-603. (N. do E.)

Quatro modelos para a integração

89. A Itália, como afinal quase todos os países que nesses últimos anos conheceram a imigração do Terceiro Mundo, está se perguntando sobre quais caminhos devem ser seguidos para integrar os estrangeiros da melhor forma possível. Qual é sua opinião sobre os modelos adotados até agora no Ocidente?

Até o momento, substancialmente há três modelos que devem ser tomados como referência.

1. A assimilação.

Com base nesse esquema, o estrangeiro deve uniformizar-se totalmente não só com as leis e a língua do país de imigração, mas também com a cultura e os comportamentos, renunciando a qualquer peculiaridade sua. É substancialmente a receita francesa, proposta em nome da chamada *laïcité* que torna todos teoricamente iguais diante do Estado, uma receita que demonstrou muitos limites, pois pressupõe e exige uma identificação integral dos cidadãos com o Estado e a anulação de qualquer diferença, o que na verdade é impossível de realizar e administrar.

2. O *melting pot*.

É o modelo americano do cadinho, em que os imigrantes devem se mesclar com a população local, porém mantendo algumas prerrogativas em nível cultural e de costumes. Esse modelo teve o mérito de reforçar o sentimento de pertencimento das minorias à maior nação do mundo, dando-lhes um legítimo orgulho, simbolizado pela bandeira, pelo hino e pela participação em alguns eventos coletivos.

Por outro lado, o *melting pot* demonstra seus limites justamente pelo efeito de novas ondas migratórias e diferentes taxas de crescimento demográfico dentro de várias comunidades étnicas, fatores que lançam em crise o conjunto dos valores compartilhados que formavam o núcleo duro da sociedade americana, o chamado *WASP* (*White Anglosaxon Protestant*). Aquelas que eram minorias já são, ou se preparam para se tornar maioria, reclamam direitos e poderes, rompem o equilíbrio que havia sido consolidado, solicitam novas regras.

3. A sociedade multicultural.

O terceiro modelo, para o qual se olha cada vez mais atentamente na Europa, é aquele do multiculturalismo. Baseia-se no princípio de que todas as culturas têm igual dignidade e podem conviver facilmente, e que a pluralidade das expressões é por si só garantia de riqueza e de melhoramento da convivência social.

Essa posição pode ser sintetizada com um lema já usado por outros argumentos e em outras épocas não muito distantes: «A diversidade é bela». Nasce do relativismo cultural e gera o relativismo jurídico, ou seja, a tentativa de dar legitimidade até no plano do direito à diversidade que caracteriza as minorias que chegaram à Europa. Tudo parece correr perfeitamente quando permanece apenas no plano da enunciação teórica, mas se pensarmos nas consequências práticas da lógica do multiculturalismo, saltam aos olhos muitas incongruências.

Por exemplo, se digo ao imigrante: você é egípcio, sua cultura é muito bela, você carrega nas costas séculos de civilização, conserve sua identidade egípcia e não se preocupe em integrar-se porque os italianos também se enriquecerão com sua diversidade, é lógico que o imigrante egípcio buscará estar sobretudo com outros conterrâneos, falará com eles em sua língua, em geral procurará viver como no Egito. Os egípcios ficarão juntos para recriar seu microcosmo, que se tornará a antessala de um gueto. Para as crianças, o problema pode ser aguçado por causa do dualismo que se estabelece entre a cultura de proveniência e aquela do país de imigração, com a qual obviamente os jovens tendem a se identificar. Na escola, aprende a se tornar italiano mas, voltando à casa, fala, come e vive como se tivesse voltado ao Cairo. Determina-se assim uma situação humanamente desestabilizadora e que, no plano da convivência social, pode aumentar os conflitos e tornar mais difícil a administração das diferenças. Estou convencido de que o modelo multicultural se assemelha mais a uma perigosa utopia do que um ideal a ser buscado. Digo isso em nome de uma abordagem realista, não com base em uma posição preconceituosa.

90. Aquilo que o senhor define como utopia multicultural se origina do quê?

Em suas origens há um conjunto de fatores concomitantes, em certos casos ligados a uma relação de causa e efeito. Já o desejo humaníssimo de se abrir ao novo, a tudo aquilo que é novidade, indica uma sede de conhecer a realidade em seus múltiplos fatores, mas degenera facilmente no exotismo barato, na admiração por tudo aquilo que é diferente e novo, uma tendência cada vez mais forte no Ocidente.

Ao lado disso, há uma atitude relativista, herdeira da crise das certezas ideológicas e religiosas que caracteriza a época contemporânea e que desemboca em uma tendência a penalizar tudo aquilo que faz parte da tradição.

Enfim, há aquilo que eu chamo *meaculpismo*, um complexo de culpa muito disseminado no Ocidente e sobretudo em relação ao Terceiro Mundo. Esse complexo chega até a justificar a aceitação de qualquer «contribuição» cultural em nome do relativismo ou do fato que «eles fazem assim», ou então que não se deve discriminar as culturas extraeuropeias que no passado já foram esmagadas nem, portanto, aqueles que hoje querem se mudar para o Ocidente.

Se esses são os pressupostos ideais do multiculturalismo, os efeitos estão à vista de todos e penalizam em particular a cultura cristã. Em nome do respeito às diferenças e da proteção das minorias, pede-se para retirar o crucifixo das paredes dos hospitais, renuncia-se ao presépio nas salas de aula durante o período natalício, escolhem-se poesias ou cantos rigorosamente não religiosos para o recital de Natal. Assim, além de discriminar a grande maioria dos frequentadores da escola, impede-se de fato aos muçulmanos e àqueles que pertencem a outras fés conhecer elementos essenciais da história e da civilização italiana que são mais de natureza cultural que confessional. Trata-se de formas de autocensura absolutamente prejudiciais, que alimentam os conflitos em vez de administrá-los e que denotam problemas de identidade que acabam se acirrando.

91. Enfim, qual é o modelo mais adequado para realizar uma autêntica integração em um país como a Itália?

Para responder, gostaria de partir de um exemplo de minha juventude quando, estando de serviço na cozinha, tive de preparar a maionese para a comunidade de jesuítas com os quais vivia. Tratando-se de 150 pessoas e não havendo naqueles tempos nenhum eletrodoméstico para auxiliar, a empreitada não era simples: depois de misturar as gemas dos ovos com mostarda e vinagre, derramavam-se pequenas doses de azeite de oliva e começava-se a «bater» rapidamente para criar a pasta. Era uma operação trabalhosa, cujo sucesso dependia sobretudo da capacidade de conseguir misturar com rapidez os ingredientes para obter um «núcleo duro» que permitisse despejar cerca de cinco litros de óleo, ou então todo o empenho resultava em um trabalho desperdiçado e a maionese «desandava».

Ocorre o mesmo na sociedade: apenas garantindo um «núcleo duro» inicial, um plano de fundo de referência em nível antropológico, é que as comunidades estrangeiras podem se amalgamar, integrar-se com os elementos fundacionais e se pode evitar que a convivência civil «desande», talvez depois de imaginar que podia se desenvolver segundo os cânones da igualdade indiferenciada e do relativismo sem sentimentos propugnado pelos adeptos de uma sociedade multicultural.

Se tivéssemos de dar um nome a esse modelo de convivência, poderíamos chamá-lo de modelo de identidade enriquecida. Parte-se da constatação de que há um elemento cultural e antropológico que se consolidou ao longo dos séculos e se traduz em certo modo de considerar a pessoa, de organizar a convivência, o trabalho, etc. Portanto, há uma identidade principal da qual não se pode prescindir para projetar novas formas de sociedade: esta, porém, não é algo fixo e imutável no tempo, mas uma realidade em movimento que, mesmo conservando suas características constitutivas, é capaz de integrar elementos de outras culturas que sejam compatíveis com esta, de receber e amalgamar as novidades que encontra em seu caminho e de enriquecer-se com elas. Certamente é necessário muito tempo para que uma autêntica integração possa ser realizada, e é preciso que haja uma vontade clara de aceitar as regras por parte de quem chega do exterior, mas, se a sociedade que recebe não possui uma ideia clara de sua identidade, não será capaz de integrar, ao contrário: ficará assustada com o novo, no qual vê uma ameaça à própria segurança.

De que nasce a xenofobia? Do medo de que o «diferente» ponha em risco uma convivência já bastante frágil em si mesma, pois não se funda sobre valores e certezas; portanto, nasce da existência de um «vazio» (mesmo se frequentemente negado), e não da ostentação de um «cheio» que na realidade esconde fragilidade e insegurança. Por isso os fluxos migratórios e o aumento de comunidades muçulmanas constituem um autêntico e vertiginoso desafio para a sociedade italiana, que começa a se perguntar sobre a consistência daquilo que a constitui, a reencontrar o idealismo e as razões profundas que a definem como coletividade, como nação, como comunidade humana.

V. O Islã e o cristianismo: o encontro inevitável, o diálogo possível

O Islã e as outras religiões

92. Como o Islã se relaciona com as outras religiões, em particular as monoteístas?

Devemos recordar, em primeiro lugar, que a humanidade, na visão muçulmana clássica, é dividida em três categorias: a primeira compreende os crentes (*muminun*), ou seja, os muçulmanos. A segunda, os protegidos (*dhimmi*), ou seja, cristãos, judeus e sabeus[1], considerados

---

(1) Alguns acrescentam aos *dhimmi* também os zoroastristas, indicados uma única vez no Alcorão (sura da Peregrinação (22), 17) pelo nome de *majus*, magos. Os sabeus são uma confissão que não existe mais e que corresponde provavelmente a uma seita judaico-cristã batista dos primeiros séculos, os mandeus. Não se deve confundir com os sabeus de Harran, que

crentes monoteístas, mas imperfeitos. Eles podem manter sua religião, sem a obrigação de se converter ao Islã. Porém, devem permanecer submissos, como recomendam alguns versículos do Alcorão que advertem os crentes de não fazer amizade com eles ou não lhes confiar um poder sobre os muçulmanos.

A terceira categoria, finalmente, é aquela dos politeístas, chamados ateus (*kafirun* ou *kuffar*). Estes devem ser combatidos e sua única alternativa à morte é a conversão ao Islã.

Portanto, o mundo é dividido pelos juristas muçulmanos em três partes que correspondem a estas categorias: *dar al-silm*, a Casa da Paz, *dar al-sulh*, a Casa da Proteção, e *dar al-harb*, a Casa da Guerra. Porém, historicamente os muçulmanos tiveram de fazer «ajustes» para tornar seus princípios compatíveis com a expansão relâmpago da dominação islâmica. Certamente não podiam, por exemplo, converter todos os habitantes da Índia depois de tê-la conquistado nem assassinar aqueles que não se convertiam[2]. Portanto, tiveram de fazer uma «acrobacia» jurídica para acomodar outras religiões na categoria dos protegidos. Alguns juristas notaram que certas religiões realmente não eram mencionadas pelo Alcorão e decidiram avaliar caso a caso.

Quanto aos cristãos e judeus, o Alcorão contém versículos favoráveis e outros menos favoráveis em relação a eles. Os cristãos são sempre considerados com uma ótica mais positiva que os judeus, por um motivo que é, antes de

---

seguem um culto astral, ou com os habitantes do antigo reino de Sabá, no Iêmen. Ver Carlo Alfonso Nallino, entrada «Sabeus» da *Enciclopedia Italiana*, Roma, 1936, XXX. Ver também Baron B. Carra de Vaux, entrada «Sabia» da *Encyclopédie de l'Islam*, Brill, Leiden, 1927, IV, 21.

(2) O Islã acrescenta o delta do rio Indo em 713 e entra por completo na história indiana com a conquista de Mahmud di Ghazni (998-1030).

tudo, histórico: em Meca viviam cristãos árabes e etíopes que tinham a função de proteger a cidade. Quando Maomé se depara com as primeiras dificuldades, manda seus seguidores para a Etiópia, então sede de um reino cristão, onde são recebidos com generosidade. Por esse motivo, o Islã conservou por algum tempo uma relação muito positiva com os cristãos. Testemunha disso é o versículo corânico: «Em verdade, encontrarás, dentre os homens, que os judeus e idólatras são os mais violentos inimigos dos crentes. E, em verdade, encontrarás que os mais próximos aos crentes [os muçulmanos]) são os que dizem: "Somos cristãos". Isso porque há entre eles clérigos[3] e monges, e porque não se ensoberbecem»[4].

Maomé teve um maior contato com os judeus depois de sua migração em 622 a Medina, onde viviam ricas e poderosas tribos hebraicas. No início as relações eram boas: ele até escolhe – analogamente aos judeus – Jerusalém como *qibla*, ponto de orientação para a prece de seus seguidores, e o Yom Kippur como dia do jejum. Mas no final do ano 2 da hégira, o ano 623 da era cristã, ele muda de estratégia e rompe com os judeus. Fixa a *qibla* em direção a Meca e estende o jejum ao mês de Ramadã. Tratava-se de uma medida tática para ganhar a simpatia dos árabes: ele pretendia, de fato, ressaltar que não era realmente contrário ao papel de Meca como centro religioso, e sim à concepção politeísta de seus habitantes.

Maomé tem sucesso em sua tentativa de «recuperação

---

(3) «Clérigos» é a tradução muçulmana para o árabe *qissisun*, palavra síria que corresponde ao grego «presbíteros» (anciãos). Para os cristãos, a palavra sempre significou «sacerdotes», «padres».
(4) Sura da Mesa Provida (5), 82.

religiosa» dos politeístas. Ele mantém quase intactos os ritos pagãos da peregrinação tradicional à Meca: a corrida de uma colina a outra, a volta em torno à Caaba a ser cumprida sete vezes, o lançamento das pedras no vale, beber a água da fonte de Zamzam, e assim por diante. Conserva esses ritos dando-lhes um novo significado ligado às proezas de Abraão e de Ismael[5]. Tratou-se, como se diz hoje, de uma ótima inculturação do Islã na sociedade árabe pagã.

Portanto, todos os ritos da peregrinação a Meca são de origem pagã, mas islamizados, chegando a ponto de o famoso teólogo al-Ghazali, denominado «a Prova do Islã», escrever: «A peregrinação é a coisa mais irracional que há no Islã. Ali fazemos gestos e rituais absolutamente irracionais. Por isso a peregrinação é o lugar em que podemos, melhor que em qualquer outro lugar, dar mostras de nossa fé, pois ninguém atina com a razão e só a fé nos faz executar aqueles gestos. A cega obediência a Deus é a melhor prova de nosso Islã»[6]. Um trecho realmente interessante.

93. Como ocorre a ruptura entre Maomé e os fiéis das outras duas religiões monoteístas?

Não existe uma ruptura no plano teológico, porque as religiões nunca foram unidas. Nem os judeus nem os cristãos reconheceram sua profecia. Acham que «não existe outro deus além de Deus», equivalente à primeira parte da profissão de fé islâmica, mas nenhum judeu ou cristão que-

---

(5) Para os muçulmanos, é Ismael, e não Isaac, o filho que Abraão se preparava para sacrificar.
(6) Cf. Al-Ghazali, *Ihya ulum al-din* [Da vivificação das ciências religiosas], vol. I, livro 7, cap. 3, seção 2, Cairo, 1939, págs. 272 e segs.; Dar al-kutub al-ilmiyya, Beirute, 1992, pág. 315.

ria reconhecer Maomé como profeta. Ora, diferentemente dos cristãos, os judeus constituíam um poder político e econômico em Medina. Nessa cidade se organizavam em três tribos principais[7], às quais se juntavam outros grupos menores, todos ricos. Maomé, para aumentar seu poder, devia portanto modificar a situação: se não reconhecessem sua profecia, seriam hostilizados. Isso mostra até que ponto o problema era de natureza política.

Em um primeiro instante, Maomé se afasta dessas tribos hebraicas, depois ataca a mais poderosa delas, obrigando-a a se refugiar na Síria. Depois de alguns anos, expulsa da cidade as outras duas tribos, impedindo-as de levar consigo os próprios bens. O motivo apontado por Maomé depois do massacre da primeira tribo é o desrespeito ao pacto de solidariedade em relação a ele, mas isso parece acima de tudo um pretexto. A derrota definitiva dos judeus acontece no decorrer da expedição contra o rico oásis de Khaybar, no ano 7 da hégira (628 d.C.). Naquele período, Maomé estava em plena ascensão militar e preparava a entrada em Meca.

Tudo isso deixou um eco no Alcorão. O já citado versículo 82 da sura da Mesa Provida (5) compara judeus e cristãos: os primeiros são considerados inimigos e os segundos, amigos. Mas há outros versículos que veem os dois como inimigos dos muçulmanos. Um exemplo é o versículo 51 da mesma sura: «Ó vós que credes! Não tomeis por aliados os judeus e os cristãos. Eles são aliados uns aos outros. E quem de vós se alia a eles será deles. Por certo, Allah não guia o povo injusto». Ou então o já citado versículo 110 da sura da Família de Imran (3), que se dirige aos muçulmanos

---

(7) Banu Qurayza, Banu al-Nadir (no oásis de Khaybar) e as Banu Qaynuqa.

dizendo: «Sois a melhor comunidade que se fez sair, para a humanidade; ordenais o conveniente e coibis o reprovável e credes em Allah. E se os seguidores do Livro cressem, ser--lhes-ia melhor. Dentre eles há os crentes, mas sua maioria é perversa». Ou ainda o famoso versículo 29 da sura do Arrependimento (9), que exorta a combater «aqueles aos quais fora concedido o Livro» e institui o pagamento do tributo por parte dos cristãos e judeus, especificando que deve ser feito «com as próprias mãos, enquanto humilhados», o que significa que o patrão não poderia, por exemplo, enviar um servo com o dinheiro: era necessário um gesto que denotasse sua submissão.

Em suas origens, as relações entre o Islã e as duas outras religiões monoteístas é ambígua, em particular com o cristianismo. Enquanto, de fato, a inimizade entre muçulmanos e judeus era evidente, as relações com os cristãos oscilavam entre amizade e hostilidade, de acordo com as oportunidades sociopolíticas. O próprio Alcorão, como já vimos, adota posições contraditórias de acordo com as circunstâncias: às vezes os cristãos são considerados amigos, às vezes são combatidos. Mas, dado que a população conquistada era em sua maioria cristã, o Islã teve de ser, no plano político, mais conciliador com o cristianismo. No plano teológico, ao contrário, Islã e judaísmo são relativamente próximos na concepção «absoluta» do monoteísmo, enquanto Islã e cristianismo divergem sobretudo a propósito da concepção trinitária de Deus e da divindade de Cristo.

94. O Alcorão traduz a palavra «cristãos» com a designação «nazarenos», e por isso muitos estudiosos identificam um sentido judaico-cristão da época. Talvez a consideração teológica negativa nas relações com o cristianismo esteja ligada a isso. De quais fontes Maomé derivou seus conhecimentos bíblicos?

De fato, o Alcorão não conhece uma categoria de cristãos diversa da dos «nazarenos», em árabe *al-Nasara*, palavra que deriva com toda probabilidade de *al-Nasira*, Nazaré. Certamente as crenças dos cristãos, como são mencionadas no Alcorão, não correspondem àquelas de nenhuma das grandes comunidades cristãs da época, nestorianas, monofisistas ou calcedonianas[8]. A respeito disso, há duas possíveis interpretações: a primeira consiste no fato de que os árabes cristãos viviam à margem do mundo cristão, estando espalhados na vasta Península Arábica, sem uma verdadeira organização eclesiástica; a segunda reside em uma certa dificuldade por parte de Maomé em compreender a natureza e os conteúdos dos principais dogmas cristãos.

O Islã não segue nenhuma das três denominações cristãs mencionadas, mas parece próximo da posição dos arianos, que negavam a plena divindade de Cristo. Talvez por esse motivo o grande teólogo São João Damasceno, que no século VIII viveu entre os muçulmanos primeiro em Damasco e depois em Jerusalém, tenha tomado o Islã por uma nova seita cristã. Porém, essa interpretação não será seguida por nenhum teólogo oriental, sírio ou árabe, mas apenas por alguns teólogos gregos e latinos.

---

(8) Nestório distinguia entre a humanidade e a divindade de Cristo e recusou-se a chamar Maria de *Theotokos*, Mãe de Deus, preferindo o título de «Mãe de Cristo». Os monofisistas seguiram Dióscoro, patriarca de Alexandria, na afirmação de que em Cristo há uma só natureza (*physis*). De acordo com eles, Cristo provém de duas naturezas, mas, depois de sua encarnação, Ele se torna apenas «uma natureza encarnada no Verbo de Deus». A doutrina monofisista foi condenada em 451 no Concílio de Calcedônia, que proclama que Cristo é realmente Deus e realmente homem.

As narrações bíblicas contidas no Alcorão são quase todas tomadas dos livros canônicos e apócrifos do Antigo Testamento e dos Evangelhos. A narrativa da Anunciação, por exemplo, é muito parecida com aquela narrada no Evangelho, enquanto os milagres operados por Jesus em tenra idade ou mesmo as narrativas da natividade de Maria são tiradas dos chamados «evangelhos da infância» apócrifos, muito disseminados entre os árabes cristãos pré-islâmicos.

Com relação aos aspectos dogmáticos, pelo contrário, não foi possível encontrar apoio em nenhuma tradição cristã, nem mesmo herética. Quando o Alcorão, por exemplo, diz que a Trindade cristã é composta por Deus, Jesus e Maria[9], não se entende qual seita afirmou coisa parecida. A única hipótese que me permito fazer é que estamos em presença de uma interpretação distorcida da afirmação teológica cristã sobre Maria Mãe de Deus e sobre Jesus Filho de Deus. Portanto, era bastante lógico para os muçulmanos conceber esse dogma segundo os esquemas da mitologia árabe: um deus toma uma mulher e os dois trazem ao mundo um outro deus.

Uma confirmação disso é a crítica lançada no Alcorão aos cristãos que sustentam que Deus tenha tido uma concubina (*sahiba*, ou seja, uma companheira): «E que: "Que a majestade de nosso Senhor seja sublimada! Ele não tomou para si companheira nem filho"»[10]; «Ele é o Criador Ímpar do céu e da terra. Como teria Ele um filho, enquanto não tem companheira?»[11] Ou então os famosos versículos da

---

(9) Cf. sura da Mesa Provida (5), 116: «E lembra-lhes de quando Allah dirá: "Ó Jesus, filho de Maria!". Disseste tu aos homens: "Tomai-me e à minha mãe por dois deuses, além de Allah?"».
(10) Sura dos Jinns (72), 3.
(11) Sura dos Rebanhos (6), 101.

sura de Maria (19), que condenam a ideia de uma filiação de Deus: «Não é admissível que Allah tome para Si um filho. Glorificado seja! Quando decreta algo, apenas diz-lhe "Sê", então é»[12]; «E eles dizem: "O Misericordioso tomou para si um filho!". Com efeito, fizestes algo horrente! Por causa disso, os céus quase se despedaçam e a terra se fende e as montanhas caem, desmoronando-se. Por atribuírem um filho ao Misericordioso! E não é concebível que o Misericordioso tome para Si um filho»[13].

Há também a pequena sura do Monoteísmo Puro (112), que recita: «Dize: "Ele é Allah, Único. Allah é o Solicitado. Não gerou e não foi gerado. E não há ninguém igual a Ele"». Essa sura, como já vimos, constitui a tradicional resposta ao credo cristão que diz «gerado, não criado», embora saibamos que aqueles versículos foram pronunciados em Meca contra os pagãos, e não contra os cristãos.

O Alcorão, definitivamente, condena qualquer ideia de filiação divina porque a percebe como uma geração física, o êxito de um ato sexual.

95. Consequentemente, os cristãos são considerados «associadores» porque associam ao Deus único outras «divindades». Portanto, os muçulmanos não os consideram autênticos monoteístas?

Os cristãos são considerados crentes, embora imperfeitos. Os versículos que convidam a combatê-los são produto de circunstâncias histórico-políticas. Essa infelizmente é a ambiguidade do Alcorão e do Islã, que mesclam posições de princípios com situações concretas. Podemos citar a esse

---

(12) Sura de Maria (19), 35.
(13) *Idem*, 88-92.

respeito vários *hadith* atribuídos a Maomé muito benévolos em relação aos judeus e cristãos, enquanto outros são um pouco menos. Um deles diz que Maomé se levanta em sinal de respeito quando um cortejo fúnebre passa diante dele, e quando alguém lhe faz notar que o morto é um judeu, ele replica: «E então, talvez não seja uma alma?». Uma recomendação contida em um outro *hadith* diz: «Qualquer um que fizer algum dano a um *dhimmi*, serei eu seu acusador no Dia do Juízo». Ou ainda: «Quem mata um *dhimmi*, nunca sentirá o perfume do Paraíso»[14]. Os cristãos são de fato colocados «sob a proteção de Deus e de seu mensageiro», e Maomé recomenda aos seus generais que respeitem todos os acordos feitos com eles e não lhes imponham encargos que ultrapassem sua capacidade de suportar.

Mas há os *hadith* hostis aos cristãos, como aquele em que Maomé afirma ter recebido a ordem de combater as pessoas até que não professassem que não há outra divindade além de Deus[15], e (em uma outra versão da mesma sentença) que «Maomé é o Mensageiro de Deus»[16]. Além do controverso adágio que prenuncia a expulsão dos judeus e dos cristãos da Península Arábica, encontramos um *hadith* que declara que «não há igrejas no Islã», ou ainda que «não há vida monástica no Islã». Um outro *hadith* afirma que não se deve construir nenhuma igreja em terras do Islã nem restaurar alguma danificada ou em ruínas.

Uma outra sentença recomenda aos muçulmanos nun-

---

(14) Perfume que, segundo o mesmo *hadith*, termina aos quarenta anos de marcha.
(15) Cf. Bukhari, cap. da *zakat*, 24, 1; e cap. da *jihad*, 56, 102: *Umirtu an uqatila an-nasa hatta yaqulu «La ilaha illa Allah»*.
(16) Cf. Bukhari, cap. da fé, 2, 17.

ca tomarem a iniciativa de cumprimentar cristãos e judeus. «Se os encontrar em teu caminho», precisa, «obriga--os a tomar o caminho mais difícil». É um *hadith* que vem periodicamente à tona: no final dos anos 1990 a Irmandade Muçulmana difundiu uma mensagem hostil nas escolas e nos escritórios do Egito e da Jordânia intimando a não cumprimentar os cristãos e a não saudá-los pelas comemorações de Páscoa e Natal. A mãe de uma criança libanesa foi verificar pessoalmente com o diretor da escola a veracidade do que seu filho havia lhe contado e ficou chocada. Quando o embaixador libanês contou o fato ao rei Hussein, este imediatamente afastou o professor. Quero dizer que muitos comportamentos ligados ao fanatismo se inspiram em adágios como este que mencionei. Portanto, a atitude do Islá em relação ao cristianismo é ambígua e isso contribui para tornar difícil a convivência entre os fiéis das duas religiões.

Jesus e Maomé: dois profetas?

96. O Islã considera Jesus um dos profetas mais importantes na história da humanidade. Como sua vida é apresentada no Alcorão?

Maomé elaborou uma imagem de Jesus coerente com a ideia proposta pelo Alcorão em relação aos profetas bíblicos, mas essa visão se afasta, sob muitos aspectos importantes, daquela apresentada pelos evangelistas. Vejamos resumidamente.

O Alcorão reconhece que Jesus foi concebido de uma

virgem eleita «sobre as mulheres dos mundos»[17], sem a intervenção de um homem. Deus, por meio de um anjo que apareceu na forma de homem perfeito, anuncia a Maria a boa-nova de «um Verbo, vindo dEle; seu nome é o Messias, Jesus, Filho de Maria»[18], ou seja, o nascimento de um «rapaz puríssimo» que ensinará «a Escritura, e a Sabedoria, e a Torá, e o Evangelho»[19].

Maria dá à luz seu filho junto a uma palmeira, depois o leva nos braços ao seu povo, que considera aquilo uma «coisa assombrosa», já que ela não era casada[20]. Nesse ponto, o recém-nascido começa milagrosamente a falar para defender sua mãe, dizendo: «Na verdade, eu sou o Servo de Deus, que me deu o Livro e me fez profeta». Esse e outros milagres do Menino Jesus foram retirados dos Evangelhos apócrifos em que Maomé se inspirou para sua apresentação de Cristo.

Jesus opera muitos milagres, mais que qualquer outro «profeta»: cura o cego, o leproso, ressuscita os mortos; mas o Alcorão ressalta, depois de cada milagre, que ele faz aquilo «com a permissão de Deus».

Jesus é apresentado como um homem enviado aos filhos de Israel para lhes recordar a mensagem de Deus. Em torno dele encontramos os discípulos que o Alcorão chama às vezes com o nome de *Ansar*, «auxiliares», o mesmo termo utilizado por Maomé para definir seus seguidores em Medina. Além disso, como ocorre com outros profetas, inclusive Moisés e o próprio Maomé, a maior parte de seu povo

---

(17) Sura da Família de Imran (3), 42.
(18) *Idem*, 45.
(19) *Idem*, 48.
(20) Sura de Maria (19), 27.

não o reconhece e rejeita seus ensinamentos, acusando-o de magia[21].

Enfim, o Alcorão nega a crucificação de Cristo por parte dos judeus e alude à substituição sobrenatural de sua pessoa por uma outra que não é detalhada: «Ora, eles não o mataram nem o crucificaram, mas isso lhes foi simulado», recita o ambíguo versículo 157 da sura das Mulheres (4). Portanto, Jesus não foi morto e sim alçado por Deus[22], e voltará mais uma vez no dia da Ressurreição.

97. Portanto, pode-se falar de uma verdadeira cristologia corânica. Quais são seus principais aspectos?

A teologia corânica de Cristo é baseada em uma afirmação fundamental: ele é o maior e o mais santo dos profetas enviados por Deus antes de Maomé, mas é apenas um profeta. Os atributos com os quais é apresentado são vários: o Cristo[23], um dos mais próximos de Deus, eminente, Palavra de verdade, servo de Deus, Sinal da hora[24], espírito de Deus, espírito de santidade, etc. Mas nenhum deles reconhece a filiação divina de Cristo.

Para os cristãos, dizer que Jesus é o Verbo de Deus significa que ele é o Verbo eterno, coexistente com Deus, «nascido do Pai antes de todos os séculos», ao passo que

---

(21) «Isto não é senão evidente magia!». Cf. sura da Mesa Provida (5), 110; sura dos Rebanhos (6), 76; sura de Hud (11), 7.

(22) Cf. sura das Mulheres: «Mas Allah ascendeu-o até Ele».

(23) Sempre com o artigo. Esse título que se aplica no Alcorão apenas a Jesus se encontra onze vezes, às vezes sob a fórmula «o Cristo, filho de Maria».

(24) Aparece apenas uma vez no Alcorão (sura do Ornamento (43), 61) e é usado somente em referência a Jesus. É interpretado no sentido de que Jesus é o Sinal que anuncia o fim dos tempos.

a Palavra de Deus é inseparável de sua substância. Para os muçulmanos, ao contrário, esse termo significa que Jesus é o fruto concreto da palavra de Deus que disse «sê», e ele foi. Portanto, Jesus é um homem nascido pelo comando de Deus. Dizer então que Jesus é «Espírito de Deus», *ruh min Allah*, significa, para os comentadores muçulmanos, de Tabari a Zamakhshari a Razi[25], que ele simplesmente é puro, pois nasceu sem intervenção humana através do anúncio do anjo (*ruh*) de Deus.

A mesma redução de significado se observa na palavra «sinal»[26]. O Jesus corânico, na verdade, não só *traz* um sinal aos homens, mas *é* ele mesmo um sinal para os homens, como afirma o versículo 91 da sura dos Profetas: «E aquela que escudou sua virgindade; então, sopramos nela algo de Nosso Espírito; e fizemo-la e a seu filho um sinal para os mundos». Todavia, a concepção virginal de Cristo não é prova da divindade de Jesus, mas apenas um sinal da potência de Deus que faz de seu profeta, sob esse aspecto, uma nobre criatura similar a Adão[27].

Também os milagres são considerados a demonstração da potência de Deus e da bondade divina em relação ao homem, mas não uma prova da divindade de quem os realiza. Jesus, definitivamente, não faz nenhum milagre por si mesmo, mas é Deus quem permite que ele faça, ou então se sirva dele para fazê-lo. E esse raciocínio se aplica a todos os outros versículos corânicos que apresentam Jesus como

---

(25) Comentaristas, respectivamente, dos séculos X, XII e XIII.
(26) *Aya*, em árabe. Encontra-se três vezes no Alcorão: XIX, 21; XXI, 91; XXIII, 50.
(27) Cf. a sura da Família de Imran (3), 59: «Por certo, o exemplo de Jesus, perante Allah, é como o de Adão. Ele o criou de pó; em seguida, disse-lhe: "Sê", então foi».

alguém que declara lícito aquilo que era ilícito, ou que afirmam que foi «erguido em Deus», embora essa expressão se refira no Alcorão unicamente a Jesus.

No Alcorão, encontramos algumas das curas e ressurreições citadas pelos Evangelhos canônicos, mas também outros milagres mencionados apenas pelos Evangelhos apócrifos, como o episódio em que o Menino Jesus faz voar um pássaro feito de barro. De fato, Jesus diz no Alcorão: «Eu vos criarei do barro uma figura igual ao pássaro e, nela, soprarei e será pássaro, com a permissão de Allah»[28]. O interessante é a dupla ação de criar e soprar que no Alcorão é tipicamente divina[29]. O verbo *criar* é citado 177 vezes, sempre como ato específico de Deus, e duas vezes em referência a Jesus. Talvez possamos vislumbrar nisso um traço da doutrina da divindade de Cristo, apesar da afirmação contrária do Islã. Provavelmente com a intenção de contornar essa ideia é que alguns traduzem o verbo árabe *khalaqa*, «criar», como «plasmar».

Cristo é apresentado como um autêntico muçulmano: prega o monoteísmo absoluto e portanto a submissão total a Deus, único Senhor. Em outras palavras, prega o Islã e seus preceitos: a esmola, a prece e a piedade em relação aos genitores. Portanto, Jesus rejeita fortemente a ideia de ser Deus. O versículo 116 da sura da Mesa Provida (5) é emblemático: «[...] de quando Allah dirá: "Ó Jesus, filho de Maria! Disseste tu aos homens: 'Tomai-me e à minha mãe por dois deuses, além de Allah?'"». E Jesus respondeu: «Glorificado sejas! Não me é admissível dizer o

---

(28) Sura da Família de Imran (3), 49.
(29) «E, quando o houver formado e, nele, houver soprado algo de Meu espírito, então caí prosternados diante dele», disse Deus aos anjos (XV, 29).

que não me é de direito». Cristo pede obediência aos seus discípulos, mas apenas como guia e não como Senhor, pois «por certo, Allah é meu Senhor e vosso Senhor: então, adorai-O. Esta é uma senda reta»[30].

No Alcorão, o profeta Jesus vem também anunciar a vinda de Maomé. De fato, diz aos filhos de Israel: «Por certo, sou para vós o Mensageiro de Allah, para confirmar a Torá, que veio antes de mim, e anunciar um Mensageiro, que virá depois de mim, cujo nome é Ahmad» (que é uma outra forma de *Muhammad*, Maomé: os dois significam «louvado»)[31]. Os muçulmanos leem no anúncio feito por Jesus aos apóstolos sobre a vinda do «Consolador» (o Espírito Santo) uma profecia relativa a Maomé. A origem dessa interpretação pode ser encontrada na tradução síria do termo «consolador» (*nahhemana*), na versão sírio-palestina do Evangelho de João, e não na corruptela do grego *parakletos* (que significa consolador) em *periklytos* (que significa louvado, ou seja, Maomé), como se considera comumente. Na teologia muçulmana, provavelmente influenciada pela cristã, pensa-se que o profeta autêntico é sempre preanunciado por aqueles que o precederam e é por isso que os teólogos muçulmanos procuram encontrar no Antigo e no Novo Testamento indicações sobre a vinda de Maomé, mas se trata na verdade de uma operação artificial, fazem-se aplicações arbitrárias de alguns versículos referindo-os a Maomé[32].

---

(30) Sura de Maria (19), 36.
(31) Sura da Fileira (61), 6.
(32) Acerca das diferentes concepções de Jesus Cristo, é significativo aquilo que João Paulo II afirmava no livro-entrevista com Vittorio Messori, *Cruzando o limiar da esperança*, Livraria Francisco Alves, Rio de Janeiro, 1994). Depois de ter lembrado que, «graças ao seu monoteísmo», os

98. *Como o Evangelho do Alcorão se apresenta?*

O Alcorão utiliza uma única palavra: *Injil*, sempre no singular, que não é nada mais que a contração de Evangelho, e não recorre ao plural *Anajil*, «os Evangelhos». Não cita os outros livros do Novo Testamento: não faz nem uma mínima alusão, por exemplo, aos Atos dos Apóstolos, às cartas de Paulo, ao Apocalipse. Quando o Alcorão fala de *Injil* não se refere a um livro determinado, mas aos ensinamentos de Jesus. Pessoalmente, creio que não existisse nos tempos de Maomé uma versão árabe completa dos Evangelhos[33]. Ele sabia apenas que os cristãos e os judeus possuíam um livro sagrado e provavelmente tenha visto uma cópia do Evangelho em língua síria.

A atitude corânica diante do Evangelho é ambígua. Realmente, Maomé convida com frequência os árabes pagãos a se referir à «gente da Escritura» para confirmar o que ele prega

---

muçulmanos são «particularmente vizinhos» aos cristãos, ele sublinha que «qualquer um, conhecendo o Antigo e o Novo Testamentos, que leia o Alcorão, vê com clareza *o processo de redução da Divina Revelação que se fez ali*. É impossível não notar o afastamento daquilo que Deus disse de si mesmo, primeiro no Antigo Testamento por meio dos profetas e depois de modo definitivo no Novo, por meio de seu Filho. Toda essa riqueza da autorrevelação de Deus, que constitui o patrimônio do Antigo e do Novo Testamento, no islamismo foi realmente deixada de lado. Ao Deus do Alcorão são dados os nomes mais belos conhecidos pela linguagem humana, mas definitivamente é um Deus que está fora do mundo, um Deus que é *apenas Majestade, nunca Emanuel*, Deus conosco. *O islamismo não é uma religião de redenção*. Não há espaço nele para a Cruz e a Ressurreição. O Alcorão menciona Jesus, mas apenas como profeta que antecede o último profeta Maomé. Maria também é lembrada, mas o drama da redenção é completamente ausente. Por isso, não apenas a teologia, mas também a antropologia do Islã é muito distante da cristã».

(33) O debate entre os estudiosos sobre a existência de um texto completo dos Evangelhos em língua árabe antes do Islã ainda está aberto, e sobre esse argumento existem dezenas de estudos. A maioria dos estudiosos se inclina, porém, a uma resposta negativa.

e exorta os árabes muçulmanos a recorrer aos judeus e cristãos quando tiverem dúvidas sobre a interpretação dos textos corânicos[34]. Porém, esses mesmos judeus e cristãos são acusados de ter falsificado os próprios textos religiosos. O motivo é simples: enquanto o Alcorão «pretende» que Cristo tenha anunciado Maomé, nos Evangelhos não há nenhum anúncio da vinda de um profeta depois de Cristo. Além disso, há tantas contradições entre os Evangelhos e o Alcorão que é difícil para os muçulmanos aceitar a Bíblia dos cristãos como autêntica. Por isso, os versículos do Evangelho que estão em harmonia com o Alcorão são aceitos pela tradição muçulmana; aqueles que discordam, ao contrário, são interpretados de modo alegórico, ou então de maneira redutora, excluindo uma dimensão transcendente, ou ainda são simplesmente rejeitados como fruto de falsificação. Quanto aos outros livros do Novo Testamento, não só são desconhecidos no Alcorão, como já dissemos, mas são frequentemente ignorados ou combatidos pelos autores muçulmanos. Paulo em particular é uma espécie de «besta negra» e é considerado como um dos falsificadores da mensagem de Cristo.

99. Quais são os aspectos substanciais do Cristianismo negados pelo Islã?

O Alcorão nega os fundamentos doutrinais da religião cristã: a divindade de Cristo, a encarnação, a crucificação e a redenção, a Trindade. Se não os houvesse negado, poder-se-ia dizer que o silêncio não equivale a uma negação, mas ele explicitamente os negou.

---

(34) Cf. sura dos Profetas (21), 7: «Então, interrogai os sábios da Mensagem, se não sabeis».

Negando a divindade de Cristo, o Alcorão pretende salvar a honra de Deus e a própria reputação de Jesus. Por isso, reafirma em várias ocasiões que é inconcebível que Deus tenha filho. Eis alguns exemplos, além daqueles já citados: «Ele é o Criador Ímpar do céu e da terra. Como teria Ele um filho, enquanto não tem companheira? E Ele criou todas as coisas. E Ele, de todas as coisas, é onisciente.»[35]

«E dize: "Louvor a Allah, que não tomou para Si filho algum, e para Quem não há protetor contra a humilhação". E magnifica-O, fartamente.»[36]

«Allah não tomou para Si filho algum, e não há com Ele deus algum.»[37]

«Aquele de Quem é a soberania dos céus e da terra, e Que não tomou filho algum, e para Quem não há parceiro na soberania.»[38]

Por um motivo análogo, o Alcorão nega a crucificação. O escândalo da cruz é algo inaceitável, e Deus exaltou seu profeta alçando-o ao céu antes da crucificação.

Mas é o conceito de Trindade que suscita o escândalo maior. No Alcorão, há vários versículos polêmicos em relação aos cristãos e esse argumento. «Com efeito, são renegadores da Fé os que dizem: "Por certo, Allah é o terceiro de três". E não há deus senão um Deus único. E, se não se abstiverem do que dizem, em verdade, doloroso castigo tocará os que, entre eles, renegam a Fé»[39]. Ou ainda: «Ó seguidores do Livro! Não vos excedais em vossa religião,

---

(35) Sura dos Rebanhos (6), 101.
(36) Sura da Viagem Noturna (17), 111.
(37) Sura dos Crentes (23), 91.
(38) Sura do Critério (25), 2.
(39) Sura da Mesa Provida (5), 73.

e não digais acerca de Allah senão a verdade. O Messias, Jesus, filho de Maria, não é senão o Mensageiro de Allah e Seu Verbo, que Ele lançou a Maria, e espírito vindo dEle. Então, crede em Allah e em Seus Mensageiros, e não digais: "Trindade". Abstende-vos de dizê-lo: é-vos melhor. Apenas, Allah é Deus Único. Glorificado seja! Como teria Ele um filho?! DEle é o que há nos céus e o que há na terra. E basta Allah por Patrono!»[40].

O mesmo apelo dirigido pelo Alcorão aos cristãos se apoia nessa implícita exclusão da noção trinitária de Deus: «Ó seguidores do Livro! Vinde a uma palavra igual entre nós e vós: não adoremos senão a Allah, e nada Lhe associemos e não tomemos uns aos outros por senhores, além de Allah»[41]. Por outro lado, seria inaceitável tomar como ponto de partida de um sincero diálogo islâmico-cristão a pretensão muçulmana de querer impor aos cristãos sua fé[42], ou mesmo a imagem corânica de Jesus. Realmente, em vez de ser um ponto de encontro entre as duas religiões, a cristologia corânica se torna um obstáculo, pois o Islã considera que sabe quem é Cristo a partir do Alcorão.

Muitas vezes o muçulmano acha que sofreu uma injustiça e pergunta ao cristão: «Como eu reconheço Jesus como profeta e você não reconhece Maomé?». É difícil lhe explicar que reconhecer Jesus como profeta é algo que o diminui para os cristãos, para os quais ele é o Filho de Deus feito homem. E isso um muçulmano não pode afirmar, pois se o fizesse não seria mais coerente com sua fé.

---

(40) Sura das Mulheres (4), 171.
(41) Sura da Família de Imran (3), 64.
(42) Cf. sura da Mesa Provida (5), 75: «Olha como tornamos evidentes, para eles, os sinais; em seguida, olha como se distanciam destes».

Dizer que Jesus é profeta não tem, por outro lado, grande importância para um muçulmano, visto que, segundo sua fé, Deus mandou profetas a todos os povos da Terra. O Alcorão cita apenas 28 pelo nome, mas a tradição muçulmana considera que sejam centenas, o último dos quais é Maomé, o «selo dos profetas», como declara solenemente o Alcorão[43]. Mas isso é inaceitável para os cristãos porque significa que Maomé veio para completar e corrigir tudo que foi revelado por Jesus: uma afirmação contrária aos ensinamentos do próprio Jesus, que no Evangelho se apresenta como o cumprimento da Revelação. Ao contrário, anuncia que depois dele virão muitos falsos profetas. Para os cristãos, o selo da profecia é João Batista, pois ele não apenas anunciou Cristo, como fizeram antes outros profetas, mas também o indicou aos seus contemporâneos, dizendo: «É ele o Messias»[44].

100. Como a figura de Maomé pode ser vista do ponto de vista cristão?

Da leitura do Alcorão e dos *hadiths*, Maomé surge como um homem que, aos quarenta anos, teve uma experiência extraordinária de relação com Deus e isso mudou profundamente sua vida, levando-o a se dedicar ao anúncio dessa experiência. Primeiro faz isso em Meca, depois surgem dificuldades que o levam a transferir-se para Medina, onde começa a organizar a vida da cidade. Deve resolver problemas relativos a terrenos, relações familiares, economia, guerras,

---
(43) Sura dos Partidos (*al-Ahzab*) (33), 40.
(44) Cf. Samir Khalil Samir, «Cristo nel Corano». *La Civiltà Cattolica*, 134, III, n. 3191, 1983, págs. 450-462; «Teologia coranica di Cristo». *La Civiltà Cattolica*, n. 3192, 1983, págs. 556-564.

prescrições éticas. Ele sempre acredita que recebeu de Deus a resposta para esses problemas, transmitindo-as sob a forma de versículos corânicos, e também se afirma cada vez mais como líder político.

Tendo necessidade de dinheiro e devendo estender seu poder, organiza saques contra outras tribos árabes, faz alianças e se torna mais forte e mais rico. No final, pode se confrontar até mesmo com Meca e conquistar para si praticamente toda a Península Arábica, impondo sua visão de vida, de Deus, das relações com os outros, que chamou Islã. Tudo isso não o torna, a meu ver, um profeta. Em certos aspectos, ele ecoa figuras bíblicas, como Moisés ou Josué; em certas atitudes do primeiro período de Meca, recorda o profeta Amós em seu apelo de justiça social. Mas isso não o torna uma figura digna de um profeta, sobretudo se considerarmos o nível moral e espiritual de seu ensinamento em relação ao cristianismo. Pergunto-me como Deus pôde, depois de ter mandado Cristo pregar a beatitude e o amor ao próximo, enviar alguém com quem a humanidade dá substancialmente um passo atrás, repropondo a lógica da antiga lei de talião («olho por olho, dente por dente»).

E a quem responde que ele era um profeta enviado especialmente aos árabes, deve-se recordar que os próprios muçulmanos contradizem essa afirmação, dizendo que Maomé é o profeta de todos os povos. É verdade que, na época, Maomé fez os árabes politeístas (ou seja, quem não era nem judeu nem cristão) avançarem em relação aos costumes pré-islâmicos. Mas também é verdade que, sob certos aspectos, voltaram atrás em relação aos ensinamentos cristãos: na concepção da religião conjugada à guerra, na da mulher e do matrimônio, e mais geralmente em atribuir à revelação divina lógicas contingentes ligadas à sociedade árabe na qual viviam.

Do ponto de vista cristão, não há profecia depois de João Batista e não há revelação depois de Cristo. Sei que alguns teólogos cristãos propõem considerar Maomé como profeta afirmando que, graças à sua pregação, mais de um bilhão de pessoas professa o monoteísmo, mas me parece que essa consideração é pouco convincente: o fato de ter muitos seguidores pode ser um mérito para uma pessoa, mas não o torna um profeta. Dizendo isso, não pretendo realmente ofender os muçulmanos, mas me limito a fazer uma constatação racional, e levo em consideração o fato de que nenhum texto oficial da Igreja reconhece Maomé como profeta.

Negando o fingimento, reafirmando o amor pela verdade

101. Até agora, vimos como o Islã se relaciona com as religiões monoteístas e como a figura de Jesus é considerada no Alcorão. Passemos então a considerar qual é o valor e quais são os limites do diálogo entre cristãos e muçulmanos. É um argumento debatido e controverso, que suscita leituras e interpretações muito diversas. Acima de tudo, o que se entende por diálogo? E qual é a posição mais autêntica e realista por parte dos cristãos para um encontro com o interlocutor muçulmano?

Mais que uma atividade reservada aos teólogos ou um luxo para poucos intelectuais, creio que em nossa época o diálogo representa também um desafio que milhões de pessoas enfrentam no cotidiano, também na Europa. Todos os dias cristãos e muçulmanos se encontram nas mais diversas ocasiões, e esses encontros – na escola, no trabalho, no bairro ou na casa em que se vive – representam a oportunidade de uma autêntica comunicação, de ao mesmo tempo ressaltar as diferenças e compartilhar as riquezas recíprocas, aquilo que cada um considera importante para si e para o outro. Mas também estou convencido de que é necessário desfazer alguns equívocos que nesses anos se sedimentaram sobre a palavra «diálogo».

A condição preliminar para dialogar é que haja duas vozes, e que as duas vozes permaneçam distintas, cada uma sendo expressão de um sujeito que tenha um rosto e uma identidade definidos. Hoje, ao contrário, especialmente no âmbito cristão, está na moda o «baile de máscaras», em que parece necessário camuflar-se e cobrir o próprio rosto para estar diante do outro: é o diálogo dos mínimos denominadores comuns, dos chamados valores comuns buscados a todo custo como ponto de partida, e não como possível resultado de um caminho.

Essa posição frequentemente é animada por bons sentimentos e por um desejo autêntico de encontro, mas não leva a nada, e acho que não ajuda a entender mais nem é a base de uma melhor convivência. Se eu olhar apenas para aquilo que há em comum, corro o risco de pensar que, no geral, eu e meu interlocutor somos da mesma opinião, talvez com algumas pequenas e mínimas diferenças. Mas o dia em que um dos dois descobre que não é assim, sua credibilidade naquilo que o outro disse ou fez pode desabar: seria como acordar de um belo sonho e descobrir de repente que a realidade é bem diferente. Insisto: o diálogo não consiste em dizer aquilo que agrada ao interlocutor que está à sua frente, isso pertence com mais frequência à diplomacia. O diálogo autêntico requer amor pela verdade a qualquer custo e com relação ao outro em sua integridade; não é minimalista, mas exigente.

Se a primeira condição exigida por parte de ambos os interlocutores é a consciência de si, da própria identidade, a segunda é o desejo de fazer o outro conhecer a própria posição de maneira integral (não apenas nos aspectos que não o perturbam ou não suscitam questionamentos) e de conhecer a do outro em sua complexidade, para aprender a discernir e entender quem está à sua frente.

Para os cristãos, isso significa, por exemplo, não menosprezar os aspectos que fazem parte de sua fé, como a encarnação, a morte e a ressurreição de Jesus verdadeiro homem e verdadeiro Deus, a dimensão trinitária de Deus. E significa também não «se contentar» com a proclamação comum do monoteísmo (que é uma dimensão muito importante), ou com a admiração que o Alcorão tem pela figura de Jesus, ao qual entretanto relega – como já vimos – o papel de um simples profeta, desconsiderando sua característica mais importante: a de ser o Salvador de todos os homens.

Do lado cristão, não se deve esquecer que apresentar apenas uma parte da própria fé ou reduzir sua importância por medo de ofender, decepcionar ou provocar escândalo apenas faz com que o interlocutor muçulmano se convença (ideia muito difundida nos países islâmicos, mas também entre os emigrantes) de que o cristão é um crente que ainda não completou o caminho para atingir a verdade integral que seria revelada somente no Alcorão. Sempre sinto uma espécie de sentimento de culpa quando vou à Inglaterra e leio os enormes dizeres no muro da mesquita de Birmingham, que fica na estrada para o aeroporto: «Read the Koran, the Last Testament» («Leia o Alcorão, o Último Testamento»).

Outros equívocos, frequentemente prejudiciais para os objetivos de uma clareza recíproca, foram alguns comportamentos práticos adotados nos anos passados, quase sempre de boa-fé, mas com uma forte dose de ingenuidade ou com pouca consciência daquilo que se fazia. Em nome da solidariedade, da fraternidade ou da «fé no único Deus» se concederam locais paroquiais ou mesmo espaços nas igrejas às comunidades muçulmanas para a prece, esquecendo que para os seguidores de Maomé isso pode significar, mais que um favor, uma submissão, uma espécie de abdicação à própria fé e um implícito reconhecimento da superioridade do Islã. Não nos esqueçamos de que, segundo o pensamento islâmico, um lugar que se tornou sagrado ao Islã não pode ser desconsagrado e é considerado, mesmo que implicitamente e sem uma formalização de tipo jurídico, uma espécie de propriedade islâmica.

102. Afirma-se com frequência que cristãos e muçulmanos podem colaborar em muitos campos: promoção da paz, defesa da vida (aborto, eutanásia, manipulações genéticas), e em geral sobre temas que se referem aos chamados «valores comuns». Mas qual é o autêntico fundamento do diálogo? É de tipo ético ou há algo mais radical em que ele pode se basear, em nível antropológico?

É necessário fazer uma premissa. Para o cristão, a razão é um elemento que pertence à natureza humana; através dela o homem se interroga sobre o significado e as implicações últimas de sua existência e do universo interior e chega a intuir a existência do Mistério, de Deus, manifestado na Revelação. Portanto, de acordo com essa perspectiva aberta do cristianismo, há um ponto de partida que é comum a todo homem, um fenómeno natural que se desenvolve e se realiza pelo encontro com o significado último da realidade, mas que é compartilhado por todos. Nesse sentido, a noção de *direito natural* representa um terreno comum entre o crente e o laico, e permite o reconhecimento daqueles que são chamados direitos universais.

Por outro lado, na visão bíblica, o homem (e não o «crente») é criado à imagem de Deus[45]. Por isso, todos os homens podem reencontrar essa «imagem» divina, que servirá de valor comum à humanidade, se procurarem se aprofundar no sentido da vida e purificar a si mesmos.

O muçulmano, porém, acha inconcebível falar de direito natural se ele não estiver inserido na lei religiosa (a charia) dada ao homem por Deus, e tem a convicção de que não existe um dado universal que já não esteja compreendido na concepção islâmica da vida. Enquanto no cristianismo se parte da razão e se chega à Revelação, na concepção islâmica clássica a Revelação precede a razão e «prevalece» sobre esta, englobando-a. Em árabe, diz-se que o Islã é *din al-fitra*, a religião natural do homem.

É interessante, por outro lado, observar que muitos muçulmanos, e não é de hoje, atribuem ao direito natural uma dignidade própria e autónoma com relação à lei religiosa,

---

(45) Fato totalmente negado pelo Islã. Muitos estudiosos muçulmanos pensam encontrar isso em um *hadith* de Maomé («Deus criou o homem à sua imagem»), o equivalente ao versículo bíblico (Gen 2). Na realidade, o sentido do adjetivo «sua» no Islã é «à imagem do homem», enquanto no texto bíblico é «à imagem de Deus», como se explica no restante do versículo.

mesmo que ela não pertença à tradição clássica. Esse fato é muito importante, pois pode contribuir para a evolução do pensamento islâmico, e também permite reconhecer os direitos fundamentais mesmo àqueles que não pertencem à comunidade muçulmana.

Nesse quadro, o papel dos cristãos é fundamental, pois eles podem ajudar nesse discernimento, talvez inspirando aqueles que são definidos e praticados como «valores comuns». É verdade que esses valores não constituem o fundamento do diálogo, mas representam a ocasião histórica que faz cristãos e muçulmanos se encontrarem, levando os fiéis das duas religiões a compartilhar algo, mesmo partindo de percursos lógicos e antropológicos diferentes.

Portanto, a base do diálogo não é um conjunto de afirmações teóricas nem uma série de valores, e sim a condição humana comum que implica a abertura ao Mistério, à dimensão religiosa da vida. Quero dizer que seria errado, em nome das diferenças irredutíveis que existem, negar a possibilidade de percursos comuns e de acordos sobre alguns aspectos específicos, mesmo estando conscientes de que se poderá chegar a alguns pontos cruciais em que, depois de um trecho de estrada comum, os dois itinerários tornam a se afastar. Por exemplo quando se fala em igualdade entre homem e mulher: enquanto o cristão reconhece a validez do direito natural, o muçulmano aponta a primazia da lei religiosa, que nega essa igualdade.

Como se vê, é um caminho feito ora de planícies, ora de trechos muito acidentados, e requer de nós um bom treinamento para continuar a percorrê-lo.

103. Há alguns aspectos das duas religiões que parecem ter bastante afinidade. Por exemplo, a concepção de Deus como misericordioso, o pertencimento às religiões do Livro, a tradição abramítica comum...

Mesmo expressões idênticas ou análogas podem ter significados diferentes que é importante reconhecer e explicitar por amor à verdade, não por querer apontar a todo custo as diferenças.

Tomemos por exemplo a frase «Deus é misericordioso». Para o muçulmano, significa que Deus, sendo o Potente, pode se dirigir ao homem usando misericórdia, ou então negar sua misericórdia a quem quiser. Mas isso é diferente da noção do Deus misericordioso que encontramos no Antigo Testamento e mais ainda no Novo, ou seja, a misericórdia de Deus é como a de um pai ou uma mãe. Para o cristão, de fato, Deus é a expressão mais autêntica do amor e é a fonte da misericórdia que o pai e a mãe usam no relacionamento com o filho. Essa concepção está na base de todo o Novo Testamento, faz parte da essência da fé e é o início da prece cristã mais comum: o Pai-Nosso. E não é por acaso que, entre os 99 nomes de Deus que a tradição islâmica inferiu do Alcorão, o apelativo de «Pai» não aparece, sendo um atributo incompatível com o Deus corânico e negado pelo próprio Alcorão.

No entanto, pode-se notar que da mesma raiz árabe das palavras «clemente» e «misericordioso» (*rahman* ou *rahim*) deriva também a palavra *rahm*, que é o ventre materno. Isso significa que a própria língua árabe poderia ter sugerido a noção «materna» de Deus. Mas esse filão não foi valorizado pelo Islã clássico, embora alguns místicos o tenham utilizado, e isso poderia representar uma porta aberta para um aprofundamento do conceito de Deus comum aos judeus, cristãos e muçulmanos.

104. Um outro exemplo ao qual se recorre para reforçar a analogia entre Islã e cristianismo é que ambos são considerados «religiões do Livro».

A expressão «gente do Livro» é tipicamente corânica. Com ela, o Alcorão designa os judeus e cristãos. O motivo disso é que, no ambiente árabe conhecido por Maomé, os únicos a terem um livro revelado eram os judeus e os cristãos. Os muçulmanos não o possuíam, e não o teriam senão duas décadas depois da morte de Maomé, na época de seu terceiro sucessor, o califa Uthman. Por isso, *de acordo com uma perspectiva muçulmana*, apenas desde então as três religiões monoteístas são chamadas «do Livro», ou seja, baseadas em um livro revelado por Deus, embora Maomé não tenha nunca mencionado o Islã como religião do Livro.

Mas essa expressão é ambígua mesmo *em uma perspectiva cristã*, por dois motivos. Antes de tudo, porque significa reconhecer de modo implícito que o Alcorão é um livro revelado por Deus a Maomé, e esse reconhecimento nunca foi feito no cristianismo e não pode ser teologicamente fundamentado[46]. Em segundo lugar, porque, enquanto para os muçulmanos a revelação divina se fez conhecer à humanidade de maneira definitiva e concreta no livro do Alcorão, cujo conteúdo desceu diretamente do Céu, o cristianismo não pode ser definido como fundado sobre um livro, mesmo se este foi revelado, e não pode ser «reduzido» às Sagradas Escrituras. O fundamento do cristianismo não reside de fato em um livro, mas em um acontecimento: a encarnação de Deus que se fez homem na pessoa de Jesus

---

(46) Cf. Samir Khalil Samir, «Le Coran est-il révélé? Muhammad est-il prophète? Un point de vue chrétien». *Notre apostolat dans le monde musulman*, Fatqa, Líbano, 26 jul.-2 ago. 1999.

Cristo. O sinal por excelência da fé cristã é a cruz, na qual Jesus se sacrificou por amor ao homem e para a salvação de toda a humanidade.

Não é por acaso que as comunidades cristãs orientais, desde o início, veneraram os ícones que representavam a Madona com Jesus, e não um ícone do Evangelho, ou mesmo a Bíblia. E quando, na liturgia, leva-se em procissão o Evangelho incensando-o, isso se faz porque o Evangelho nos revelou Cristo. Já no início do século II Inácio de Antioquia, em sua Carta aos fiéis de Filadélfia, é inequívoco: «Meu tesouro é Jesus Cristo, meus arquivos inamovíveis são sua cruz, sua morte e ressurreição e a fé que vem dEle».

105. Um último elemento de afinidade citado frequentemente é o pertencimento à tradição abramítica comum...

A figura de Abraão é um tema clássico do diálogo inter-religioso[47]. É verdade que as três religiões chamadas – com um certo exagero – «abrâmicas» reconhecem Abraão como pai. Mas o fazem no mesmo sentido? Alguns autores sublinham a ambiguidade de tal afirmação sustentando que seria o mesmo que uma homonímia[48]. O certo é que estes se referem a Abraão como exemplo perfeito de homem crente que se entregou totalmente a Deus, estando disposto até a sacrificar seu filho.

O Antigo Testamento já falava de Abraão como o pai de uma multidão de povos. «Este é o pacto que faço contigo: serás o pai de uma multidão de povos. De agora em diante

---

(47) Cf. por exemplo, Eugène Tissérant, *Abraham, père des croyants*, Cerf, Paris, 1952.
(48) Cf. por exemplo, Alain Besançon, *Trois tentations dans l'Église*, Calman-Lévy, Paris, 1996; e Antoine Moussali, *La croix et le croissant. Le christianisme face à l'islam*, Ed. de Paris, Paris, 1998, págs. 51-56).

não te chamarás mais Abrão, e sim Abraão, porque farei de ti o pai de uma multidão de povos. Tornar-te-ei extremamente fecundo, farei nascer de ti nações e terás reis por descendentes. Faço aliança contigo e com tua posteridade, uma aliança eterna, de geração em geração, para que eu seja o teu Deus e o Deus de tua posteridade»[49]. O tema é mencionado por vários autores no Novo Testamento, sobretudo por Paulo, em particular na Carta aos Romanos e naquela aos Gálatas.

O Alcorão retoma a imagem de Abraão como guia espiritual da humanidade: «E lembrai-vos de quando Abraão foi posto à prova por seu Senhor, com certas palavras, e ele as cumpriu. O Senhor disse: "Por certo, farei de ti dirigente para os homens"»[50]. Porém, o Alcorão contesta tanto os judeus quanto os cristãos em sua pretensão de monopolizar a figura de Abraão, e derruba essa pretensão em favor do Islã. De fato, afirma: «E eles dizem: "Sede judeus ou cristãos, vós sereis guiados". Dize, Muhammad: "Não, mas seguimos a crença de Abraão, monoteísta sincero, e que não era dos idólatras"»[51]. E em uma outra passagem: «Ó seguidores do Livro! Por que argumentais, sobre Abraão, enquanto a Torá e o Evangelho não foram descidos senão depois dele? Então, não raciocinais? [...] Abraão não era nem judeu nem cristão, mas monoteísta sincero. E não era dos idólatras. Por certo, os homens mais dignos de serem achegados a Abraão são os que o seguiram, e este Profeta e os que creem. E Allah é o Protetor dos crentes»[52].

---

(49) Gen 17, 4-7.
(50) Sura da Vaca (2), 124.
(51) *Idem*, 135.
(52) Sura da Família de Imran (3), 65-68.

Além disso, deve-se observar que o cristianismo e o Islá veem Abraão segundo duas perspectivas muito diferentes. No Islá, Abraão é o testemunho do monoteísmo mais radical e, como as outras figuras bíblicas, é o modelo da submissão perfeita a Deus. Por outro lado, a noção de promessa ou aliança feita com Abraão, assim como a «história da salvação» que é comum ao judaísmo e ao cristianismo, são praticamente ausentes no Islá[53].

Por isso o Concílio Vaticano II, na constituição dogmática *Lumen gentium*[54], afirma: «O projeto da salvação abraça também aqueles que reconhecem o Criador, e entre estes em primeiro lugar os muçulmanos, os quais, professando ter a fé de Abraão, adoram conosco um único Deus, misericordioso, que julgará os homens no dia final»[55]. A primeira redação desse texto dizia: «Os filhos de Ismael que, professando Abraão por pai, creem também no Deus de Abraão». A redação definitiva não se pronuncia sobre a relação entre muçulmanos e Abraão, mas afirma apenas que os muçulmanos professam «ter a fé de Abraão»[56].

106. Nos últimos anos, foram muitos os expoentes da hierarquia católica que reafirmaram a necessidade do diálogo, mas ao mesmo tempo foram claros sobre possíveis equívocos. João Paulo II está na linha de frente dessa difícil fronteira, e foi objeto de críticas por parte daqueles que temem uma abertura da Igreja em relação a posições consideradas ambíguas e muito seculares...

---

(53) Mesmo que possamos encontrar alguns traços, como, por exemplo, *ibidem*, 33.
(54) Texto recuperado no Concílio na declaração *Nostra Aetate*, n. 3.
(55) Concílio Vaticano II, *Lumen gentium*, n.16.
(56) O mesmo texto é recuperado no *Catecismo da Igreja Católica*, n. 841.

Estou convencido de que o papa é a expressão mais significativa da tentativa de realizar um diálogo autêntico. Ele continua a favorecer a construção de «pontes» e de oportunidades de encontro entre cristãos e muçulmanos e se opõe energicamente – como fez muitas vezes depois do atentado às Torres Gêmeas de Nova York e durante o conflito no Afeganistão – à ideia de um choque entre civilizações ou entre religiões. Os mais recentes e significativos testemunhos dessa posição são o convite aos católicos para uma jornada de jejum em 14 de dezembro de 2001 (que coincidia com o último dia de Ramadá) e o encontro entre representantes das religiões promovido em 24 de janeiro de 2002.

João Paulo II várias vezes apontou para a instrumentalização da fé com objetivos políticos ou militares camuflada em certos apelos de feição religiosa contra o Ocidente, como também naqueles contra o terrorismo islâmico. Sabe muito bem que uma parte do Islã – provavelmente minoritária, mas capaz de influenciar a comunidade – reforça as contraposições e recorre a palavras de ordem de tipo religioso para procurar reagrupar o mundo muçulmano, referindo-se a situações dilacerantes como a palestina. Mas sabe também que a polarização das posições seria uma catástrofe não apenas para as minorias cristãs que vivem nos países islâmicos, mas também para toda a humanidade, que poderia ter de lidar com um bilhão de muçulmanos «ressuscitados» por certas palavras de ordem: uma perspectiva, esta, certamente difícil de se concretizar, mas que poderia ocorrer, como mostra o recente conflito no Afeganistão.

Enquanto repropõe a necessidade de um diálogo entre identidades diversas, o papa não cansa de lembrar a necessidade de promover o respeito dos direitos humanos, entre os quais coloca em primeiro lugar aquele da liberdade religiosa, que implica a possibilidade de professar a própria fé e de praticar uma outra: dois nós que, como sabemos, ainda têm de ser desfeitos em muitos países islâmicos.

Em síntese, não há nada de renunciador na posição de João Paulo II, embora seu magistério se revele uma admirável síntese entre a reafirmação da fé cristã e a preocupação que esta possa continuar a ser praticada em qualquer lugar. E isso, como ele mesmo disse no encontro de líderes religiosos em Assis, «não nos força à contraposição e menos ainda ao desprezo pelo outro, e sim a um construtivo diálogo em que cada um, sem cair de algum modo no relativismo ou no sincretismo, possa reavivar o dever do testemunho e do anúncio».

107. Através das inúmeras iniciativas do voluntariado, milhares de católicos há anos se destacam nas experiências de acolhimento dos imigrantes, muitos dos quais de religião islâmica. Sob quais condições esses «encontros cotidianos» podem se tornar também ocasiões para o diálogo?

Aquilo que vejo acontecer na Itália por parte dos voluntários católicos é realmente notável do ponto de vista da assistência, merece respeito e admiração pela generosidade e a dedicação que eles vêm demonstrando.

Em mais de uma ocasião notei, porém, uma certa dificuldade na expressão das motivações de tanta generosidade, na explicação de seus gestos como expressão de caridade, e portanto de fé, às vezes com uma espécie de embaraço ou de «limitação» nas relações dos imigrantes muçulmanos. Encontrei até pessoas que, nos casos de acolhimento ou nas mesas coletivas, deixaram de fazer o sinal da cruz antes da refeição por «respeito» à fé dos muçulmanos dos quais eram hospedeiros. Na verdade, isso, mais que um sinal de respeito, parece pouco caso em relação às verdadeiras razões do gesto que se efetua e da obra que se sustenta. Por que um cristão deveria organizar uma refeição para os pobres e os imigrantes, de qualquer fé que sejam, se não como um gesto de caridade cristã? E por que deveria se envergonhar de testemunhá-lo a todos aqueles que encontra, inclusive os muçulmanos? Se não fosse assim, os centros de acolhimento da Igreja correriam o risco de se transformar em uma espécie de «supermercados da solidariedade», realizando sem dúvida uma obra meritória, mas traindo o verdadeiro motivo do gesto, que é exatamente o testemunho cristão.

Se observarmos bem, não é questão de proselitismo mas de autenticidade, de capacidade de expressar a verdade de si mesmo naquilo que está fazendo. Decerto seria errado *condicionar* o pão ofertado à adesão ao Evangelho: isso resultaria em um ato de proselitismo inaceitável. Aquilo que se pede, ao contrário, é a autenticidade, o testemunho simples da fé que anima os voluntários e que os leva a ajudar a todos sem impedimentos de tipo religioso, ideológico ou político, a compartilhar as necessidades para compartilhar o sentido da vida. Acho que é necessário, a esse respeito, fazer um sereno exame de consciência: não se perderam pelo caminho as razões de tantas louváveis iniciativas de acolhimento? Então talvez seja o caso de repensar de que forma essas iniciativas são organizadas e propostas, para que se tornem um gesto educativo, seja para quem o faz, seja para quem o recebe.

108. A experiência migratória pode contribuir para mudar a visão tradicional e certos preconceitos dos muçulmanos em seu relacionamento com o cristianismo e os cristãos?

Já vimos anteriormente como, segundo uma ideia bastante difundida nos países islâmicos, o cristão é considera-

V. O ENCONTRO INEVITÁVEL, O DIÁLOGO POSSÍVEL

do um crente que ainda não completou o percurso à plena fé, à qual se pode chegar apenas se tornando adepto dos ensinamentos do Alcorão. Além disso, deve contar com uma espécie de identificação, que vem se consolidando ao longo dos séculos, entre tudo aquilo que é atribuído ao Ocidente e ao cristianismo. Nesse sentido, a imigração na Europa é uma grande chance de desconstruir alguns lugares-comuns e de permitir um conhecimento mais íntimo, mais realista e menos preconceituoso do cristianismo e dos cristãos.

Os exemplos são inúmeros: na Europa, o imigrante muçulmano pode se dar conta de que há outras experiências religiosas além da muçulmana com as quais é possível conviver em um quadro de liberdade e pluralismo. E pode amadurecer a certeza de que é possível viver como crente mesmo sem as «garantias» oferecidas por um Estado confessional, que a política pode ser separada da religião e estar a serviço do bem comum, que a razão não é hostil mas profundamente amiga da fé e que a modernidade é uma ocasião histórica para quantificar a verdade da própria fé dentro do mundo. Enfim, que é errado identificar o cristianismo com o Ocidente, embora o primeiro esteja entre os elementos de base da civilização do segundo.

Nesse sentido, o testemunho que os cristãos são chamados a dar é decisivo. Alguns aspectos da vida no Ocidente – como o propagado relativismo ético, uma errônea concepção de liberdade, associada à possibilidade de fazer o que se quer sem qualquer referência ideal, a mercantilização do corpo feminino (mas também do masculino) – confirmam para os muçulmanos seu julgamento de uma civilização ocidental corrupta e decadente.

E acho que esses aspectos deveriam ser vistos mais criticamente pelos cristãos, pois são indicadores significativos de uma sociedade que removeu Deus de seu horizonte de referência e que considera a religião como um ornamento a ser exibido em uma espécie de «salão de valores»: uma coisa interessante, talvez até mesmo original, mas definitivamente nada influente em sua vida. Quando os muçulmanos criticam a sociedade ocidental pela dissolução de seus costumes e porque a consideram uma civilização que substancialmente renunciou a Deus, indiretamente levam os cristãos a se interrogar sobre o significado de sua presença nessa sociedade, sobre o tamanho de seu testemunho e sobre a incidência da fé nos lugares em que vivem.

Acho que, sob esse aspecto, a imigração pode representar também para os cristãos uma mudança, um sinal dos tempos, e sugere uma interessante comparação com o passado. Nos séculos anteriores, muitos missionários partiram para os países islâmicos, mas sua pregação foi impedida ou substancialmente neutralizada pela forte pressão cultural e social operada pelo Islã, e isso de fato impediu milhões de muçulmanos de conhecer o cristianismo (veja bem: pelo menos conhecê-lo, não se converter a ele). Hoje a história propõe uma dinâmica inversa: milhões de muçulmanos vêm àquela Europa da qual partiram os missionários, mas encontram uma sociedade em que o cristianismo está ausente, agonizante ou em vias de extinção. Muitos amigos muçulmanos que vieram à Itália ou à Europa me contaram sua decepção, originada pelo fato de que acreditavam encontrar no Ocidente um fértil terreno cristão e uma sociedade permeada de religiosidade, e em vez disso encontraram apenas traços débeis.

Talvez a presença de tantos muçulmanos possa se tornar uma provocação positiva para os cristãos, um estímulo para despertar sua fé da letargia em que caiu. A presença islâmica na Europa, como a dos imigrantes cristãos provenientes do Terceiro Mundo (que frequentemente demonstram uma fé mais dinâmica e corajosa) pode constituir para os cristãos ocidentais um apelo a uma conexão espiritual.

109. Há quem diga que o próprio conceito de diálogo é estranho à mentalidade muçulmana e que por isso, além das boas intenções que animam os protagonistas da parte cristã, o resultado efetivo é um diálogo entre surdos. O que o senhor responde àqueles que indicam como ingênuas e estéreis as tentativas feitas nesses últimos anos?

É preciso reconhecer que as iniciativas ligadas à cultura do diálogo partiram quase sempre de cristãos, embora nas últimas décadas tenha havido alguma abertura no mundo islâmico: lembro-me, por exemplo, dos congressos islâmico-cristãos promovidos pelo Ceres (Centre d'Études et de Recherches Économiques et Sociales) e pela fundação Al al-Bayt delineada pelo príncipe Hassan, irmão do falecido Hussein da Jordânia, alguns colóquios bilaterais que contaram com a participação de expoentes da universidade islâmica de al-Azhar, tanto no Vaticano quanto no Cairo, e a atividade de pequenos, mas significativos grupos no Líbano. Alguns intelectuais muçulmanos reconhecem publicamente que em seu mundo há um atraso a ser preenchido e que, por exemplo, enquanto existe uma boa tradição de islamólogos cristãos, realmente são poucos os estudiosos muçulmanos do cristianismo. Além disso, a produção editorial islâmica sobre o cristianismo é geralmente de natureza polêmica e bastante agressiva ou então de feição apologética, com o objetivo declarado ou implícito de defender o Islã das «acusações do Ocidente». Existem, é claro, estudos de alguns intelectuais muçulmanos que fizeram uma reflexão sobre o cristianismo com atitude dialógica, mas não se pode falar de uma verdadeira corrente de diálogo.

No fundo, o muçulmano permanece convicto de que o Islã é a única e definitiva religião revelada, que no Alcorão se encontram tanto o verdadeiro judaísmo quanto o autêntico cristianismo e que judeus e cristãos teriam corrompido suas Escrituras. Quem é dono da verdade completa, o que poderia aprender de novo praticando o diálogo inter-religioso? É evidente que essa posição cai como uma pedra sobre a possibilidade de construir um diálogo autêntico, mas as razões a favor de um encontro na verdade, que ilustrei antes, permanecem válidas. É preciso pregar para que essas razões prevaleçam, com a consciência de que, como disse João Paulo II em Assis, pregar «não significa evadir-se da história e dos problemas que esta apresenta. Ao contrário, é escolher enfrentar a realidade não sozinho, mas com a força que vem do Alto, a força da verdade e do amor do qual a última fonte está em Deus».

110. Os cristãos árabes convivem há treze séculos com o Islã. Quais ensinamentos podem vir de sua experiência?

Gostaria de reforçar que, ao contrário do que se pensa tanto no Ocidente como no Oriente, «árabe» não é sinônimo de «muçulmano»: o segundo capítulo dos Atos dos Apóstolos nos lembra que, no dia de Pentecostes, entre os neófitos convertidos ao cristianismo havia também árabes, e hoje são mais de 12 milhões os árabes cristãos. Os árabes não nasceram com Maomé e, antes do nascimento do Islã, viviam na Península Arábica judeus, cristãos e pagãos. Depois de sua pregação e da expansão muçulmana no Oriente Médio (636-642 d.C.), os cristãos daquela área foram progressivamente arabizados e viveram com os muçulmanos sob a jurisdição do Islã, como protegidos[57].

Ao longo dos séculos, foram muitas as experiências positivas de encontro e trocas em nível pessoal, baseadas sobretudo no fato de que ambas as partes reconhecem a dimensão transcendente da existência e o caráter absoluto de alguns valores como fundamentais. Porém, mais problemático se revelou o encontro com o Islã como sistema sociopolítico, consequência da politização da religião e da tentação – sempre presente na tradição muçulmana – de impor o próprio domínio. Uma tentação que por sua vez tem origem nas convicções de possuir o monopólio da verdade, na certeza de que o Alcorão encerra a revelação perfeita e definitiva.

Um dos ensinamentos mais preciosos que, como árabes cristãos, recebemos dos muçulmanos ao longo dos séculos é a prioridade absoluta reconhecida a Deus, que permeia também os aspectos cotidianos da existência; não um Deus ornamental, mas um Deus com o qual você sabe que pode contar a todo momento. Com relação a isso, conservo uma pequena recordação pessoal que me impressionou muito. Enquanto estava no Cairo, uma sexta-feira, o barbeiro em cujo estabelecimento eu havia entrado pouco antes do meio-dia me disse gentilmente: daqui a alguns minutos haverá a prece ritual e eu vou suspender meus trabalhos, aconselho o senhor a ir ao barbeiro cristão, que fica cinquenta metros à frente. Sua sinceridade e honestidade me levaram a ficar na barbearia esperando o fim da prece ritual: ele havia me dado um testemunho de verdadeiro crente, disposto até a perder um cliente pois não renunciou a um

---

(57) Cf. pergunta 37.

gesto de fé. É necessário, por outro lado, reconhecer que essa prioridade reconhecida a Deus pode facilmente degenerar em fanatismo e negligência das próprias responsabilidades nas relações da sociedade. Como acontece no Cairo, quando alguns serviços públicos (por exemplo, o cartório ou o escritório de passaportes) permanecem fechados durante todo o mês de Ramadã.

Nós, cristãos árabes, aprendemos a apreciar os aspectos positivos e negativos da coexistência, abstendo-nos tanto da tentação do samaritanismo ingênuo quanto da oposição prejudicial e da rejeição sistemática daquilo que pertence às tradições alheias.

111. Pode-se então falar de uma espécie de vocação histórica dos árabes cristãos, instados a servir de ponte entre duas civilizações que são ao mesmo tempo distantes e próximas?

De fato, nós, cristãos árabes, podemos ajudar os cristãos ocidentais tanto a entender o Islã em todas as suas dimensões quanto a conviver com ele, sem a presunção de transmitir lições a quem quer que seja, mas nos limitando a comunicar os frutos de nossa experiência milenar. Somos como uma ponte que une duas margens e, como toda ponte, para realizar o objetivo para o qual foi construída, deve ser pisada (às vezes com descuido, ou até com hostilidade) por todos os que querem passar de uma margem a outra. Não somos iguais aos ocidentais porque somos árabes, nem aos muçulmanos porque somos cristãos. No fundo, somos vistos como estranhos por esses dois mundos, e ainda assim pertencemos profundamente a ambos. É uma posição muito incômoda, vertiginosa, mas é a *conditio sine qua non* para continuar a ser realmente uma ponte. E é essa nossa autêntica vocação histórica, similar – permitam-me fazer uma comparação desafiadora – à posição de Jesus na cruz, que une verticalmente a terra e o céu, a humanidade a divindade, e horizontalmente o Oriente e o Ocidente, os próximos e os distantes.

Cronologia do Islã

Maomé

570 ca   Nascimento de Maomé, pouco depois da morte do pai.
577   Morte da mãe Amina. Maomé é criado primeiro pelo avô, depois pelo tio.
591 ca   Começa a servir Khadija como caravaneiro. Casa-se com ela cinco anos depois.
610   Primeiros versículos corânicos. Durante três anos, a pregação de Maomé permanece secreta.
613   Pregações públicas na Meca.
615   A hostilidade das tribos de Quraysh leva ao êxodo dos fiéis muçulmanos na Etiópia.
622   Migração (hégira) de Maomé para Yathrib (Medina).
624   Vitória muçulmana contra Meca na batalha de Badr.

628	Conquista muçulmana do oásis judeu de Khaybar.
630	Entrada triunfal de Maomé em Meca.
632	Morre em Medina.

Califado

632-633	Guerra contra os «apóstatas».
634	Início da campanha militar contra os impérios bizantino e persa.
636	Batalha de Yarmuk: os bizantinos perdem a Síria.
639-642	Conquista do Egito.
653	Estabelecimento dos textos corânicos durante o califado de Uthman.
656	Ali, primo e genro de Maomé, é eleito o quarto califa.
656-657	Guerra civil entre Ali e Aisha, viúva de Maomé: os muçulmanos se dividem entre sunitas, xiitas e carijitas.
660	Mucawiya se proclama califa em Damasco. Tem início a dinastia omíada.
668-673	Primeiro ataque a Constantinopla.
670	Expansão no norte da África.
680	Massacre em Karbala por Hussein, filho de Ali. Amplia-se a cisão entre sunitas e xiitas.
711	Passagem do estreito de Gibraltar. Colapso do reino visigótico.
713	A expansão ao leste alcança o delta do Indo.
732	Os muçulmanos são bloqueados por Carlos Martel na batalha de Poitiers.

CRONOLOGIA DO ISLÃ 221

750	Colapso da dinastia omíada (exceto na Andaluzia). Inicia-se a dinastia abássida.
786-809	Califado de Harun al-Rashid. Máximo esplendor do império muçulmano.
827-902	Conquista árabe da Sicília.
954	Difusão do Islã ismaelita na Índia.
969	Conquista fatímida do Egito e fundação do Cairo e da mesquita al-Azhar.
1000 ca	Primeira conversão dos chefes da África negra.
1000-1021	Governo do califa fatímida al-Hakim: as medidas contra os cristãos se tornam mais rigorosas.
Séc. XI	Conversão ao Islã do reino africano de Gana.
1061-1092	Os árabes deixam a Sicília, conquistada pelos normandos.
1071	A vitória dos seljúcidas sobre os bizantinos abre a Ásia Menor às tribos turcas.
1076	Os seljúcidas expulsam os fatímidas de Damasco.
1099	Os cruzados entram em Jerusalém.
1187	Vitória de Saladino em Hattin.
Séc. XIII	Difusão do Islã em Bengala, com a conversão de budistas e hinduístas.
1236	Conquista de Córdova por obra de Fernando III de Castela.
1258	Conquista de Bagdá pelos mongóis. Fim do califado abássida.
1317	Primeiro rei muçulmano no trono de Dongola, já reino núbio cristão.
Metade séc. XV	Fim do Islã na ilha de Java.

1453	Conquista de Constantinopla pelos turcos otomanos.
1475	Introdução do Islã nas Filipinas.
1492	Termina a Reconquista com a capitulação de Granada.
séc. XVI	Destruição do último Estado núbio cristão.
1506	*Jihad* do imã al-Ghazi contra os cristãos da Etiópia.
1516	Vitória dos otomanos sobre os mamelucos e ocupação da Síria.
1526	Batalha de Mohács. A Hungria cai sob o império otomano.
1526-1858	Reino da dinastia mughal da Índia.
1529	Assédio de Viena pelos otomanos.
1571	Derrota da frota otomana na batalha de Lepanto.
1789-1801	Campanha do Egito de Napoleão Bonaparte.
1865-1885	Conquista russa dos territórios islâmicos da Ásia Central.
1918	O império otomano sai derrotado da Primeira Guerra Mundial.
1924	Abolição do califado por obra de Mustafá Kemal.

Idade Contemporânea

1932	Nasce o reino da Arábia Saudita.
1947	Criação de um Estado para os muçulmanos da Índia: o Paquistão.
1948	Nascimento do Estado de Israel e início da diáspora palestina.

CRONOLOGIA DO ISLÁ 223

1962	Independência da Argélia ao término de um longo conflito contra a dominação francesa.
1967-1970	A guerra de Biafra contrapõe cristãos e muçulmanos nigerianos.
1969	Criação da Organização da Conferência Islâmica.
1979	Triunfa a revolução islâmica de Khomeini no Irã.
1979-1989	Os mujahidin combatem contra o Exército Vermelho que ocupa o Afeganistão.
1980-1988	Guerra Irã-Iraque. Não servem de nada as mediações dos países islâmicos.
1983	Proclamação da charia no Sudão. Recomeça a insurreição no sul do país.
1987	Depois de anos de confrontos liderados pela Frente Moro de Libertação Nacional, assina-se um acordo com o governo filipino.
1990	O Iraque invade o Kuwait. Envio de tropas americanas ao Golfo.
1991	Guerra do Golfo. Conferência de Madri entre árabes e israelitas.
1992	Iniciam-se as violências dos grupos islâmicos na Argélia.
1993	Acordos de Oslo entre Israel e a OLP de Arafat, ao qual se opõem os grupos radicais.
1996	O Talibã afegão entra em Kabul.
1999-2002	Inúmeros Estados da federação nigeriana proclamam a charia.
2000	Estoura a segunda intifada palestina.

2001   Ataques terroristas em Nova York e Washington. O chefe do al Qaeda, Bin Laden, elogia repetidamente os terroristas e lança uma *jihad* contra o Ocidente. Ofensiva diplomática e militar internacional contra o terrorismo.

As comunidades muçulmanas nos diversos países[1]

País	Nº DE MUÇULMANOS	% DA POPULAÇÃO
Alemanha	4.760.000	5,8%
Argentina	400.000	1%
Áustria	450.000	5,4%
Bélgica	630.000	5,9%
Brasil	175.000	0,1%
Bulgária	1.020.000	13,7%
Canadá	700.000	2,1%
Chile	15.000	0,1%
Espanha	980.000	2,1%
Estados Unidos	3.300.000	1%
França	4.710.000	7,5%
Grécia	610.000	5,3%
Holanda	1.000.000	6%
Irlanda	50.000	1,1%

(1) Foram utilizadas como referência as pesquisas do Pew Research Center realizadas entre 2010 e 2016. (N. do E.)

Itália	2.220.000	3,7%
México	100.000	0,1%
Portugal	30.000	0,3%
Reino Unido	2.960.000	4,8%
Suécia	430.000	4,6%

Glossário

Allah

Contração da palavra árabe *al-ilah*, o deus, para significar o Deus por excelência. Os cristãos e os judeus de língua árabe também chamam Deus por esses termos. Allah tem 99 nomes divinos: o Misericordioso, o Soberano, o Santo, o Vigilante, etc.

Alcorão

Do árabe *al-Quran*, «recitação» ou «proclamação». O nome do livro sagrado dos muçulmanos deriva da primeira exortação do anjo Gabriel a Maomé: *Iqra* (Leia! Recite!). É composto de 114 suras, ou capítulos, todos dispostos em ordem de comprimento exceto a primeira, chamada *fatiha*.

Aya

Sinal divino. Na concepção muçulmana, indica cada um dos versículos corânicos.

Caaba

A construção cúbica que se encontra no centro do pátio da Grande Mesquita de Meca, em torno da qual os muçulmanos giram por sete vezes efetuando o *tawaf* durante a peregrinação. Ali se guarda a pedra negra, um bloco de rocha escura (talvez um meteorito). De acordo com a tradição muçulmana, naquele lugar Abraão teria construído para Deus um altar, e por esse motivo Maomé manteve a construção, porém ordenando que se destruíssem os símbolos das divindades pré-islâmicas que haviam sido erigidos ao redor.

Califado

Do árabe *khilafa*, sucessão. O califado dura quase ininterruptamente da morte de Maomé em 632 até 1924, quando é abolido pela Turquia republicana. Hoje sua reconstituição é considerada necessária por muitos grupos radicais islâmicos, para livrar o mundo da chamada *jahiliyya* (ver o verbete relativo).

Charia

No Alcorão, trata-se sempre de uma lei de origem divina, de uma «via» que se opõe às «paixões daqueles que não sabem». Sua aplicação, em particular em matéria de direito penal, constitui hoje a principal reivindicação dos grupos radicais e um tema de acesso debatido em muitos países islâmicos. Fontes da charia são o Alcorão e a suna, a tradição do profeta cujos textos deram lugar a diversas interpretações por parte das diferentes escolas jurídicas.

GLOSSÁRIO

Dawa

Chamado. Indica a ação missionária de propagação do Islã.

Din wa dunya wa dawla

Religião, sociedade e Estado. Fórmula com a qual é definida a religião islâmica segundo a concepção muçulmana clássica e em muitas interpretações modernas que consideram esses três elementos inseparáveis.

Dhimmi

Significa «protegidos», em referência ao povo do Livro, ou seja, os fiéis judeus e cristãos que dispõem de um livro sagrado. Estes últimos são postos sob a proteção (*dhimma*) do Estado islâmico de acordo com algumas condições prévias, em particular o pagamento de um imposto de capitação (sobre o indivíduo), a *jizya*. Com o tempo, a condição dos *dhimmi* se tornou sinônimo de «cidadãos de segunda classe».

Fatiha

Sura «de abertura», primeira sura do Alcorão, usada como prece ritual pelos muçulmanos. Recita-se assim: «Em nome de Allah, o Misericordioso, o Misericordiador. Louvor a Allah, o Senhor dos mundos. O Misericordioso, o Misericordiador. O Soberano do Dia do Juízo. Só a Ti adoramos e só de ti imploramos ajuda. Guia-nos à senda reta, à senda dos que agraciaste; não à dos incursos em Tua ira nem à dos descaminhados».

Fatwa

Resposta ou parecer jurídico-religioso emitido por um jurista sobre questão específica.

Fiqh

Direito islâmico. Os textos islâmicos deram lugar a diversas interpretações por parte das diferentes escolas jurídicas. O especialista de *fiqh* é chamado *faqih* (plural *fuqaha*).

Hadith

Compilação das sentenças e proezas de Maomé da forma como são reportadas e reunidas por seus companheiros ou discípulos. Quem o estuda é chamado *muhaddith*. Existem seis grandes compilações de *hadith* consideradas autênticas (*sahih*).

Hajj

A peregrinação a Meca. Quinto pilar do Islá: deve ser feita ao menos uma vez na vida de quem tem possibilidades, entre o nono e o décimo terceiro dia do mês de *Dhu-al-Hija*. A cada ano, participam pelo menos 2 milhões de fiéis que seguem um ritual minucioso. Entre os principais atos estão o *tawaf*, que consiste em girar sete vezes em torno à Caaba, o *sacy*, um percurso entre as duas colinas de Safa e Marwa, o apedrejamento simbólico do diabo em Mina, e a oferta de um sacrifício animal. O ritual culmina na prece no Monte Arafat. Quando é efetuada fora do *Dhu-al-Hija*, a peregrinação a Meca é considerada «pequena» e por isso chamada *umra*, «visita».

Hégira

Do árabe *Hijra*, «emigração». Refere-se à fuga de Maomé de Meca para Yathrib (depois rebatizada *Madinat al--nabi*, a cidade do profeta, ou Medina) que marca o ano 1 do calendário lunar islâmico (622 d.C.).

Hudud

Plural de *hadd*, limite. Com esse termo são definidas as penas corânicas canônicas, ou seja, derivadas da aplicação da charia.

Ijaz

Milagre. Refere-se na tradição islâmica ao Alcorão, ao qual é atribuído um estilo literário «inimitável» que demonstraria sua origem divina.

Imã

Título religioso que indica aquele que «está à frente», que guia a prece coletiva na mesquita. Segundo os xiitas, o título foi usado pelos doze descendentes de Ali que se sucederam como chefes da comunidade e por isso é um privilégio de poucos eleitos, como o imã Khomeini.

Islã

Deriva do verbo *aslama* e significa «submissão». Para os muçulmanos (os submissos a Deus), o Islã é a religião «natural» e original do homem. Nesse sentido, no Alcorão são considerados «muçulmanos» todos os profetas enviados por Deus.

Jahiliyya

Literalmente, a «ignorância». O termo indicava a sociedade árabe pré-islâmica, mas hoje indica a sociedade que não conhece ou não aplica o Islã, equivalente a sociedade bárbara ou pagã.

Jihad

Da raiz árabe *j-h-d*, esforçar-se, lutar. O contexto em que esse termo (masculino, em árabe) aparece no Alcorão é aquele de *jihad fi sabil Allah*, «luta sobre o caminho de Deus», entendido pelos exegetas muçulmanos como sinônimo de guerra santa. A hipótese, por outro lado muito difundida no Ocidente, segundo a qual é necessário fazer uma distinção entre a «pequena *jihad*», a guerra santa, e a «grande *jihad*», o esforço ético-espiritual contra o mal, não encontra confirmação nem na tradição islâmica clássica nem na elaboração teórica de grupos islâmicos que se reportam à *jihad*, mas é característica das correntes místicas.

Kafir

Descrente ou politeísta. *Kuffar* ou *kafirun* no plural.

Khomeinista

Referência aos grupos que adotam a doutrina «revolucionária» xiita própria do aiatolá Khomeini, em particular a tese sobre o «governo do sábio» (*velayet-e-faqih*).

Mesquita

Do árabe *masjid*, «lugar de prosternação». A mesquita não se compara a uma «igreja muçulmana» pois não representa apenas um lugar de culto; é também um centro de agregação cultural, social e política.

Muezim

Do árabe *muadhdhin*, aquele que efetua o *adhan*, o apelo à prece do alto de um minarete. A solicitação começa pronunciando-se quatro vezes *Allah-u akbar* («Deus é o maior»), depois a *shahada* (duas vezes cada frase), e então o apelo em si: «Vinde à prece, vinde à salvação» (duas vezes cada frase), para terminar com um novo *Allah-u akbar* (duas vezes) e por fim «Não há Deus a não ser Allah».

Mufti

Aquele que emana a *fatwa*. Em muitos países islâmicos, indica o cargo religioso mais alto de um Estado ou de uma região.

Mujahidin

Plural de *mujahid*, combatente da *jihad*.

Nasara

Nazarenos. Termo com o qual são indicados os cristãos no Alcorão e na tradição islâmica.

Pilares da fé

São cinco, obrigatórios para todo muçulmano que chegou à puberdade: a *shahada*, o testemunho de fé; a *salat*, a prece ritual; a *zakat*, a esmola; o *sawm*, o jejum de Ramadá; e o *hajj*, a peregrinação a Meca (ver os verbetes relativos).

Qibla

Direção de prece, estabelecida por Maomé no sentido de Meca depois de ter praticado a *qibla* hebraica na direção de Jerusalém. Todas as mesquitas são construídas respeitando essa orientação.

Ridda

Apostasia do Islã, dita também *Irtidad*. A pena prevista para o *murtadd* (o apóstata), ao menos em teoria, é a morte.

Salat

Prece ritual que consiste em gestos e frases preestabelecidas. Pode ser comunitária (na mesquita) ou individual. Deve ser recitada cinco vezes por dia (aurora, meio-dia, tarde, pôr do sol e à noite) em direção à Meca, sempre em estado de «pureza legal», ou seja, praticando as necessárias abluções. Segundo pilar do Islã.

Sawm

Jejum, em geral o observado por todo o mês lunar de Ramadã, que corresponde ao quarto pilar da fé. Consiste na abstenção, desde o nascer ao pôr do sol, de qualquer alimento e bebida e dos prazeres. É obrigatório para todos os muçulmanos que chegaram à puberdade. São isentos os doentes, quem está viajando ou as mulheres grávidas. O jejum de uma mulher que está menstruada não tem valor e lhe é solicitado que reponha os dias perdidos.

GLOSSÁRIO 235

Shahada

Profissão de fé em Allah e em seu profeta. Esse primeiro pilar do Islã consiste em dizer: «Testemunho que não há Deus além de Allah e Maomé é o enviado de Allah». *(ash--hadu an la ilaha illa Allah wa-Muhammad rasul Allah).* Para um não muçulmano, é suficiente pronunciá-la para se tornar muçulmano.

Shura

Consulta. Nome que é dado nos sistemas políticos islâmicos ao Conselho legislativo ou consultivo.

Sira

Biografia de Maomé. A mais confiável é aquela escrita por Ibn Hisham no século IX.

Suna

Conjunto das tradições islâmicas ligadas a Maomé.

Sunitas

Aqueles que se atêm à suna. Constituem 90% dos muçulmanos do mundo e se dividem em quatro «ritos» ou escolas: a *hanafita*, que se liga a Abu Hanifa (700-768), difundida na Turquia, no Egito, na Síria, no Iraque, no Paquistão, no Afeganistão e na Índia; a *malikita*, que toma seu nome de Malik bin Anas (712-796), difundida no Magreb e na África negra; a *shaficita*, do imã Shafici (768--820), difundida na África Oriental, no Sul da Arábia e na Indonésia; e a *hanbalita*, de Ibn Hanbal (781-856) da Arábia Saudita, que deu origem à rígida doutrina wahhabita da família real de Riad.

Sura

    Capítulo do Alcorão. São 114 no total, subdivididos em mecanos e medineses.

Tafsir

    A disciplina de comentar o Alcorão. O comentarista é o *mufassir*.

Tawil

    Intepretação do Alcorão.

Tawhid

    Unicidade. A fé no Deus único.

Ulemá

    Do árabe *ulama*, «sapiente». Os «doutores da lei» corânica encarregados de interpretar a charia.

Umma

    Em árabe, nação. Em geral se subentende aquela à qual pertencem todos os muçulmanos.

Wahhabita

    Referência ao grupo que adota a doutrina oficial em vigor na Arábia Saudita e que se reporta aos ensinamentos do teólogo Muhammad bin Abdil-Wahhab (1703-1787). Nos países da ex-União Soviética, o termo indica comumente todos os grupos integralistas islâmicos.

Xeique

«Ancião», *sheik*. Título religioso que significa «presbítero». Também é usado em vários Estados árabes como título nobiliárquico.

Xiitas

De *Shicat Ali*, o partido de Ali, primo e genro de Maomé e marido de Fátima. Foram protagonistas da primeira divisão no seio do Islã, devida à luta de sucessão depois da morte do profeta. Os xiitas constituem cerca de 10% dos muçulmanos. Vivem principalmente no Irã, no Paquistão, no Iraque, no Líbano e em alguns países do Golfo.

Zakat

Esmola, uma espécie de dízimo cobrada dos ganhos e destinada a obras de beneficência. Terceiro pilar do Islã.

ESTE LIVRO ACABOU DE SE
IMPRIMIR A 29 DE JUNHO DE 2017.